本书是国家社会科学基金西部项目"个人所得税改革与国家治理转型研究"(19XJY021)的结项成果

个人所得税改革与国家治理转型

Personal Income Tax Reform and
the Transformation of National Governance

周克清 著

中国社会科学出版社

图书在版编目（CIP）数据

个人所得税改革与国家治理转型 / 周克清著. -- 北京：中国社会科学出版社，2025.4. -- （光华财税文库）. -- ISBN 978-7-5227-4929-7

Ⅰ. F812.424；D630.1

中国国家版本馆 CIP 数据核字第 2025380Y57 号

出 版 人	赵剑英
责任编辑	王　曦
责任校对	阎红蕾
责任印制	戴　宽

出　　版	中国社会科学出版社
社　　址	北京鼓楼西大街甲 158 号
邮　　编	100720
网　　址	http://www.csspw.cn
发 行 部	010-84083685
门 市 部	010-84029450
经　　销	新华书店及其他书店
印刷装订	北京君升印刷有限公司
版　　次	2025 年 4 月第 1 版
印　　次	2025 年 4 月第 1 次印刷
开　　本	710×1000　1/16
印　　张	11.25
字　　数	148 千字
定　　价	66.00 元

凡购买中国社会科学出版社图书，如有质量问题请与本社营销中心联系调换
电话：010-84083683
版权所有　侵权必究

序　言

党的十八届三中全会指出，全面深化改革的总目标是完善和发展中国特色社会主义制度，推进国家治理体系和治理能力现代化。党的二十大报告指出，中国共产党的中心任务是以中国式现代化全面推进中华民族伟大复兴。党的二十届三中全会明确要求进一步全面深化改革，推进中国式现代化；并明确提出，健全直接税体系，完善综合和分类相结合的个人所得税制度。个人所得税作为中国最为重要的直接税制度，对于推进中国式现代化，实现国家治理转型具有非常重要的意义。

自20世纪80年代开征个人所得税以来，中国不断优化和完善个人所得税制度，形成了适应社会主义市场经济体制的个人所得税制度。但这样的个人所得税制度与国家治理现代化和国家治理转型的要求还有一定的差距。为此，中国大力推进个税改革，尤以2018年个税改革最为全面，从而形成了现行分类与综合相结合的混合所得税制度。2018年个税改革过程中，普通百姓参与度不断提升，对民众的纳税遵从、政府机构的行为效率、治国理政的基本方式等提出了更高的要求。个税改革的过程正不断加速国家治理的转型，重塑政府与市场、政府与个人、政府与社会组织及政府之间的相互关系。

周克清教授的专著《个人所得税改革与国家治理转型》，从个税改革与国家治理转型的双向互动逻辑入手，全面分析了个税改革对经济治理、政府治理与社会治理的影响机理，并做了较为深入的实证分析，对完善中国个人所得税制度，推动国家治理转型，具有非常重要的参考价值。

首先，作者深入分析了个税改革在经济治理方面如何影响社会公平及平台经济发展。作者的研究发现，2018年个税改革使个人所得税的累进性有所增强，高收入家庭承担了更大份额的个人所得税负担，低收入家庭对个人所得税总收入的贡献进一步降低；但个人所得税的收入再分配效应有所弱化，主要源于税率结构累进性的下降以及平均税率的降低。另外，平台经济发展对个人所得税征管带来了挑战，作者认为，必须完善个人所得税治理机制，加强平台企业信息共享，增强个人所得税征税的遵从性，助推社会经济的数字化转型。

其次，作者分析了个税改革如何影响政府治理效率的提升。作者认为，个人所得税对于普通百姓而言具有痛感直观、明显的特点，个人所得税负担的敏感性要求政府治理必须具有高度的回应性、问责性和透明性，从而助推善治政府建设。国家与民众在个税改革上的良性互动博弈有助于推进现代个人所得税制度建设，实现建立法治政府、有限政府和服务型政府的目标。作者的研究发现，个税改革直接影响民众的可支配收入，在很大程度上提升了民众的政治参与度，加强了对政府活动的监督力度。政府行为对民众"急难愁盼"事项的回应度不断提升，加快了政府治理转型，在一定程度上提升了政府治理效率。

再次，作者分析了个税改革如何影响社会治理体系的转型。作者认为，和谐有序和充满活力是社会治理现代化的两个维度。社会和谐有序要求民众具有较高的纳税遵从度，要求政府必须具有较强的资源整合能力；社会充满活力要求民众能够积极参与国家事务管理，充分发挥社会主人公作用。个税改革有助于提升纳税遵从意愿，提高政府公信力和社会活力，并最终推动社会治理转型。社会治理是国家治理和基层治理的关键环节，社会治理现代化是国家治理现代化的重要组成部分。作者的研究发现，个税改革通过提升纳税遵从意愿与政府公信力（居民政府信任），维护了社会秩序；个税改革提升了居民政治参与意愿，从而在一定程度上激发了社会活力，并加快了社会治理的转型。

最后，作者认为，个税改革不能局限于税率调整、税目合并及各项附加的简单增减，更要关注如何实现国家治理转型。特别是个人所得税如何推进社会公平，适应经济数字化的转型；如何推动政府治理效能的提升，从而维护社会秩序、增进社会和谐。为此，个税改革不仅要调整税率，完善综合和分类相结合的制度体系，加强个税征管制度改革；而且要努力推进经济治理转型、提升政府治理效率，打造共建共治共享的社会治理格局，实现政府治理和社会调节、居民自治的良性互动。

周克清教授是国内财税学界较为活跃的学者，近年来著述颇多，为中国财税学科的建设做出了一定的贡献。希望他能够以这本书的出版为契机，不断探索新的研究领域，取得更为丰硕的研究成果。

中央财经大学校长

马海涛

2024 年 12 月

目　录

第一章　导论 ⋯⋯⋯⋯⋯⋯⋯⋯⋯⋯⋯⋯⋯⋯⋯⋯⋯⋯⋯⋯⋯⋯⋯⋯ 1
　　第一节　问题的提出 ⋯⋯⋯⋯⋯⋯⋯⋯⋯⋯⋯⋯⋯⋯⋯⋯⋯⋯⋯⋯ 1
　　第二节　文献综述 ⋯⋯⋯⋯⋯⋯⋯⋯⋯⋯⋯⋯⋯⋯⋯⋯⋯⋯⋯⋯⋯ 3
　　第三节　理论基础与主要内容 ⋯⋯⋯⋯⋯⋯⋯⋯⋯⋯⋯⋯⋯⋯⋯ 15
　　第四节　可能的创新与局限 ⋯⋯⋯⋯⋯⋯⋯⋯⋯⋯⋯⋯⋯⋯⋯⋯ 20

第二章　个税改革与经济治理转型：公平视角的考量 ⋯⋯⋯⋯⋯ 22
　　第一节　问题的提出 ⋯⋯⋯⋯⋯⋯⋯⋯⋯⋯⋯⋯⋯⋯⋯⋯⋯⋯⋯ 22
　　第二节　个税改革的公平效应：测度方法 ⋯⋯⋯⋯⋯⋯⋯⋯⋯⋯ 25
　　第三节　个税改革的公平效应：测度结果 ⋯⋯⋯⋯⋯⋯⋯⋯⋯⋯ 34

第三章　个税改革与经济治理转型：平台经济税收治理 ⋯⋯⋯⋯ 43
　　第一节　问题的提出 ⋯⋯⋯⋯⋯⋯⋯⋯⋯⋯⋯⋯⋯⋯⋯⋯⋯⋯⋯ 43
　　第二节　平台经济及其对个税治理的影响 ⋯⋯⋯⋯⋯⋯⋯⋯⋯⋯ 47
　　第三节　平台经济信息不对称与个税纳税遵从 ⋯⋯⋯⋯⋯⋯⋯⋯ 58
　　第四节　第三方平台信息共享与个税纳税遵从 ⋯⋯⋯⋯⋯⋯⋯⋯ 65

第四章　个税改革与政治（政府）治理转型：参政意识与政府回应性 ⋯ 79
　　第一节　问题的提出 ⋯⋯⋯⋯⋯⋯⋯⋯⋯⋯⋯⋯⋯⋯⋯⋯⋯⋯⋯ 79
　　第二节　理论分析 ⋯⋯⋯⋯⋯⋯⋯⋯⋯⋯⋯⋯⋯⋯⋯⋯⋯⋯⋯⋯ 83
　　第三节　实证策略与变量选择 ⋯⋯⋯⋯⋯⋯⋯⋯⋯⋯⋯⋯⋯⋯⋯ 87
　　第四节　实证结果分析 ⋯⋯⋯⋯⋯⋯⋯⋯⋯⋯⋯⋯⋯⋯⋯⋯⋯⋯ 94

第五章　个税改革与社会治理转型：秩序维护与活力激发 ……………107
　　第一节　问题的提出 ……………………………………………107
　　第二节　理论分析 ………………………………………………110
　　第三节　实证策略与变量选择 …………………………………115
　　第四节　实证结果分析 …………………………………………122

第六章　结论与展望 ……………………………………………………136
　　第一节　基本结论 ………………………………………………136
　　第二节　改革展望 ………………………………………………142

参考文献 …………………………………………………………………150

后　　记 …………………………………………………………………169

第一章 导论

第一节 问题的提出

个人所得税是中国最重要的直接税收制度,是党的十八届三中全会确定的重点改革税种,在较长时期内受到广大民众的关注。2018年8月31日,十三届全国人大常委会第五次会议表决通过了关于修改个人所得税法的决定。本次修订不仅提高了"起征点"(学界称为"免征额")、增加了专项附加扣除,实现了分类所得税制向混合所得税制(综合与分类相结合)的转变,更为重要的是为国家治理体系和治理能力现代化提供了良好的基础。党的二十届三中全会进一步提出,完善综合和分类相结合的个人所得税制度,规范经营所得、资本所得、财产所得税收政策,实行劳动性所得统一征税。

与此同时,经过长期的改革开放与实践探索,中国特色社会主义建设进入一个崭新的时代,国家治理方式正加速转型,社会经济活动各参与主体间的关系正在重塑。党的十八届三中全会要求,"推进国家治理体系和治理能力现代化";并进一步指出,"财政是国家治理的基础和重要支柱"。党的十九大报告进一步明确提出,加快建立现代财政制度,深化税收制度改革。党的二十大报告指出,从现在起,中国共产党的中心任务就是团结带领全国各族人民全面建成社会主义现代化强国、实现第二个百年奋斗目标,以中国式现代化全面推进中华民族伟大复兴。党的二十届三中全会进一步提出,继续完善和发展中国特色社会主义制度，推进国家治理体系和治理能力现代化。到2035年，全面建成高水平社会主义市场经济体制，中国特色社会主义制度更加完善，基本实现国家治理体系和治理能力现代化，基本实现社会主义现代化，为到本世纪中叶全面建成社会主义现代化强国奠定坚实基础。显然，实现中国式现代化必然要求实现国家治理体系和治理能力现代化，实现国家治理转型。

税收制度是现代财政制度的重要内容，其对于推进国家治理体系和治理能力现代化具有非常重要的作用，是实现中国式现代化的重要推进力量。个人所得税是中国最重要的直接税制度，民众的感受最为直观。在中国个人所得税制度的改革（简称"个税改革"）过程中，民众参与最为深入，对国家治国理政的基本方式、民众的纳税遵从、政府机构的行为效率、社会治理的秩序与活力等提出了更高的要求。事实上，中国个税改革的过程正不断加速国家治理的转型，重塑政府与市场、政府与个人、政府与社会组织及政府之间的相互关系。

一般认为，国家治理包括经济治理、政治（政府）治理[①]和社会治理等内容。其中，经济治理主要涉及资源的优化配置、收入的公平分配和宏观经济稳定，政治（政府）治理涉及政府的高效与廉洁运转，社会治理涉及秩序维护与活力激发等方面。换句话说，个税改革推进国家治理转型，就是要推动经济治理、政治（政府）治理和社会治理转型，实现社会经济平稳发展、政府廉洁高效、社会和谐有序。那么，中国的个税改革是如何推进国家治理转型的呢？在个税改革的过程中，民众与学界如何参与制度设计，政府与民众如何达成改革的共识，政府是如何回应民众的呼声并在治国理政的

[①] 本书不严格区分政治治理与政府治理，根据行文方便与上下文，可能分别采用政治（政府）治理、政治治理或政府治理。

过程中体现出来的呢？本书将深入研究个税改革与国家治理转型的双向互动过程，并深入研究个税改革对国家经济治理、政治（政府）治理和社会治理转型的影响机制与路径，从而助推中国国家治理的转型并实现个人所得税制度的现代化。

第二节 文献综述

近年来，国内外学者对个人所得税的研究非常丰富，主要涉及三个方面：一是个税改革的路径与方向；二是个人所得税对经济的影响；三是个人所得税对国家治理的影响。

一 个税改革的路径与方向

近年来，学界对中国个税改革有较为深入的研究，主要涉及三个内容。

1. 混合所得税制度与扣除制度改革

国内早期对个税改革的研究主要在于推进综合与分类相结合的个税改革，适度增加工薪所得（综合所得）的费用扣除项目，提高费用扣除标准，适当降低边际税率和减少税率级次。比如，刘丽坚[1]、高培勇[2]、贾康和梁季[3]、张斌[4]、崔军和朱晓璐[5]、谷成[6]、马

---

[1] 刘丽坚：《论我国个人所得税的职能及下一步改革设想》，《税务研究》2006年第8期。
[2] 高培勇：《个人所得税改革的内容、进程与前瞻》，《理论前沿》2009年第6期。
[3] 贾康、梁季：《我国个人所得税改革问题研究——兼论"起征点"问题合理解决的思路》，《财政研究》2010年第4期。
[4] 张斌：《个人所得税改革的目标定位与征管约束》，《税务研究》2010年第9期。
[5] 崔军、朱晓璐：《论综合与分类相结合计征方式下的我国个人所得税改革》，《税务研究》2014年第9期。
[6] 谷成：《从理论研究到制度优化：现实约束下的中国个人所得税改革》，《经济社会体制比较》2014年第1期。

海涛和任强①、李升和杨武②、朱为群和戴悦③、唐婧妮④、杨志勇⑤等从不同角度分析了中国个税改革的路径与方向。在 2018 年的个税改革中，上述研究所主张的大部分内容得以实现。

2. 2018 年后个税改革路径探索

2018 年个税改革以来，国内学界针对新经济形势和社会发展要求，对个税改革的路径进行了探索，形成了较为丰富的成果。比如，黄凤羽等⑥要求关注个人所得税的筹资职能与再分配职能、劳动所得税负与资本所得税负、税收制度与征管体系之间关系的协调问题，并以此为基础完善个人所得税制度。伍红和郑家兴⑦分析了不同国家（地区）的个人所得税专项扣除的特点，认为未来中国应针对不同家庭子女数量的差异细化教育扣除限额及标准，加大创新型继续教育费用扣除的激励性，动态调整住房贷款利息与住房租金的扣除标准，补充大病医疗医药费用外扣除，区别赡养老人的年龄及数量制定不同扣除标准。漆亮亮和赖勤学⑧认为，中国未来个人所得税改革与治理成为共建共治共享税收治理格局的实例典范，应围绕税收共建、税收共治和税收共享三个维度采取相关举措。蒋震⑨认为，中国个税

---

① 马海涛、任强：《个人所得税改革对各收入群组税负的影响》，《税务研究》2016 年第 4 期。
② 李升、杨武：《个人所得税改革：以促进公平为视角》，《税务研究》2016 年第 2 期。
③ 朱为群、戴悦：《我国个人所得税免税项目的改革探讨》，《税务研究》2017 年第 7 期。
④ 唐婧妮：《兼顾公平与效率目标，改革个人所得税制度》，《税务研究》2018 年第 1 期。
⑤ 杨志勇：《中国个人所得税改革的理论影响因素分析》，《税收经济研究》2018 年第 5 期。
⑥ 黄凤羽、韩国英、辛宇：《中国个人所得税改革应注重三大关系的协调》，《税务研究》2018 年第 11 期。
⑦ 伍红、郑家兴：《不同国家（地区）个人所得税专项扣除特点及启示》，《税务研究》2019 年第 3 期。
⑧ 漆亮亮、赖勤学：《共建共治共享的税收治理格局研究——以新时代的个人所得税改革与治理为例》，《税务研究》2019 年第 4 期。
⑨ 蒋震：《从经济社会转型进程看个人所得税改革》，《河北大学学报》（哲学社会科学版）2019 年第 1 期。

改革将以综合制为最终目标，扩大个人所得税征税范围，全面加强调控收入分配的作用。李旭红和郭紫薇①对"十四五"时期个税改革提出了三点政策建议：一是将资本所得纳入综合所得计税范围，推进现代化税收征管，避免税收流失，以提高个人所得税收入占税收总收入的比重；二是完善专项附加扣除政策，进一步降低中低收入群体的税收负担，实现税收公平；三是优化高端人才税收优惠政策，提高人力资本积累对高质量发展的贡献。李本贵②认为，中国近期应适当增加或改革专项附加扣除项目、消除综合费用扣除和专项附加扣除的累退性、协调个人所得税和企业所得税、逐步建立个人养老账户税收优惠政策、建立吸引高层次人才的个人所得税优惠政策等，中长期则应建立综合个人所得税制。张德勇③认为，中国应坚持系统观念，深化个人所得税改革，从经济发展、税制结构优化和个人所得税制度本身完善等多目标出发，循序渐进，在综合所得扩围、加大专项附加扣除力度、调整税率结构等方面探索改革的可行性，将强化调节收入分配职能放在重要位置，同时兼顾效率，使改革成果更好地惠及千家万户。

3. 以家庭申报单位为目标的个税改革

长期以来，中国实行以个人为申报单位的征管制度，但该制度存在明显的不公平，与发达国家相比，也缺乏一定的选择性。因此，部分国内学者对以家庭为申报单位的可行性进行了研究。比如，刘鹏④指出，移植西方的家庭课税制度需要充分探究国外家庭课税的理论渊源与制度设计，以家庭为纳税单位与中国税制的非契合性特点、以综合所得为征税模式与中国税制的非可行性特点、设计家庭费用扣除

---

① 李旭红、郭紫薇：《"十四五"时期的个人所得税改革展望》，《税务研究》2021年第3期。
② 李本贵：《关于我国个人所得税改革的几点思考》，《税务研究》2022年第2期。
③ 张德勇：《多元目标下深化个人所得税改革的思考》，《税务研究》2023年第3期。
④ 刘鹏：《家庭课税：我国个人所得税改革的应然之举？》，《经济体制改革》2016年第4期。

与中国税制的非公平性特点共同形成了家庭课税在中国施行条件尚不成熟的客观困境，家庭课税并不是个税改革的应然之举。马伟等[1]介绍了新加坡个人所得税家庭课税制的主要内容、征管制度和征管保障体系，并结合中国个人所得税的征管现状，提出合理制定费用扣除标准，完善信息管理系统，健全信息交换机制，实行分类管理，提高纳税遵从，借助社会信用评价体系培养纳税人诚信自主申报意识。王倓[2]基于对个人所得税家庭征收制的理论基础分析，探讨了推行个人所得税家庭征收的可行性和配套要求，并提出了个人所得税家庭征收的初步设想。冀云阳和王晓佳[3]认为，2018年综合与分类相结合的税制改革为家庭申报制的实施提供了必要条件，在新增专项附加扣除的背景下，沿用单独申报制有违税收公平原则；主张界定"税法意义上的家庭"，依据不同的家庭结构确立申报制度的类型，依据家庭成员工作与居住地确定合理的纳税申报地点。另外，蒋俐葳[4]、王潇[5]、李安琪[6]、庄彧[7]等也对以家庭为征收单位的个税改革做了研究。

二 个人所得税对经济的影响

个人所得税是中国现阶段最重要的直接税种，对收入分配、居民消费等有非常重要的影响。

---

[1] 马伟、赵新、杨牧、余菁:《从新加坡家庭课税制看我国个人所得税改革》，《税务研究》2016年第10期。
[2] 王倓:《以家庭为申报单位的个人所得税改革研究》，《特区经济》2018年第7期。
[3] 冀云阳、王晓佳:《个人所得税家庭申报制度研究——基于新一轮个人所得税改革的分析》，《公共财政研究》2021年第2期。
[4] 蒋俐葳:《以家庭课税为基础的我国个人所得税改革纳税单位研究》，硕士学位论文，华中科技大学，2017年。
[5] 王潇:《以家庭为征收单位的个人所得税改革研究》，硕士学位论文，天津财经大学，2018年。
[6] 李安琪:《以家庭为纳税单位的个人所得税改革研究》，硕士学位论文，山东财经大学，2020年。
[7] 庄彧:《我国以家庭为课税单位的个人所得税改革研究》，硕士学位论文，江西财经大学，2021年。

1. 个人所得税对收入分配的影响

现有研究大致呈两种观点，一是认为个人所得税对收入分配有较大影响；二是认为个人所得税对收入分配没有影响，或影响较小。就大多数研究来看，一般认为个人所得税的收入再分配效果不足。比如，张文春[①]认为，中国个人所得税调节收入分配的效果不明显，应该采取以低收入者为目标的财政支出计划和其他政策措施。王亚芬等[②]认为，2002年以来个人所得税逐步发挥了对收入分配差距的调节作用。黄凤羽[③]认为，中国个人所得税再分配职能存在一定的局限性，应当将高收入者作为个人所得税调控重点。彭海艳[④]认为，中国个人所得税具有一定的收入再分配效应，但平均税率明显偏低，累进性基本呈下降趋势，调节作用有限。白彦锋和许嫚嫚[⑤]认为，个人所得税工资薪金税目免征额调整对于缩小中国当前收入差距的作用有限。岳希明等[⑥]认为，2011年个税改革降低了平均税率，从而弱化了个人所得税的收入分配效应。徐建炜等[⑦]认为，1997—2005年个人所得税累进性逐年下降，但个人所得税的收入分配效应增强；2006—2011年个人所得税累进性上升，但降低了平均有效税率，恶化了个人所得税的收入分配效应。刘元生等[⑧]的研究发现，个

---

① 张文春：《个人所得税与收入再分配》，《税务研究》2005年第11期。
② 王亚芬、肖晓飞、高铁梅：《我国收入分配差距及个人所得税调节作用的实证分析》，《财贸经济》2007年第4期。
③ 黄凤羽：《对个人所得税再分配职能的思考》，《税务研究》2010年第9期。
④ 彭海艳：《我国个人所得税再分配效应及累进性的实证分析》，《财贸经济》2011年第3期。
⑤ 白彦锋、许嫚嫚：《个税免征额调整对政府税收收入和居民收入分配影响的研究》，《财贸经济》2011年第11期。
⑥ 岳希明、徐静、刘谦、丁胜、董莉娟：《2011年个人所得税改革的收入再分配效应》，《经济研究》2012年第9期。
⑦ 徐建炜、马光荣、李实：《个人所得税改善中国收入分配了吗——基于对1997—2011年微观数据的动态评估》，《中国社会科学》2013年第6期。
⑧ 刘元生、杨澄宇、袁强：《个人所得税的收入分配效应》，《经济研究》2013年第1期。

人所得税免征额与收入的基尼系数呈"U"形曲线关系；提高免征额会使基尼系数上升，但对经济增长有一定的促进作用。梁俊娇和何晓[1]认为，中国个人所得税发挥了正向的再分配作用。詹新宇和杨灿明[2]的研究表明，尽管分税制改革以来个人所得税调节居民收入分配的效果有所改善，但其整体再分配效应依然较弱。孙玉栋和庞伟[3]认为，中国个人所得税从整体上表现出累退性，不利于缩小城乡居民收入差距。李文[4]、张楠和邹甘娜[5]均认为，中国个人所得税的再分配效应较差，根本原因在于平均税率过低。国外学者如 Newbery 和 Stern[6]、Bird 和 Zolt[7]等也曾深入研究了个人所得税对收入分配的影响，得出了相似的结论。

2018年个税改革后，学界进一步加大了个人所得税对收入分配影响的相关研究。一般认为，分类综合所得税制可减轻平均税负，税制累进性有所提高，但在缓解收入差距方面尚未达成相对一致的结论。李万甫[8]认为，提高个人所得税"起征点"，无疑有助于壮大中等收入群体，使实际经济福利向中低收入阶层倾斜；而"起征点"提高的幅度，应当在社会公平和经济效率中作出权衡，处理好调节收入分配、缩小贫富差距与个人所得税在税收治理体系中合理定位

---

[1] 梁俊娇、何晓：《我国个人所得税再分配效应研究》，《中央财经大学学报》2014年第3期。

[2] 詹新宇、杨灿明：《个人所得税的居民收入再分配效应探讨》，《税务研究》2015年第7期。

[3] 孙玉栋、庞伟：《分类个人所得税对收入分配的影响效应》，《税务研究》2017年第7期。

[4] 李文：《我国个人所得税的再分配效应与税率设置取向》，《税务研究》2017年第2期。

[5] 张楠、邹甘娜：《个人所得税的累进性与再分配效应测算——基于微观数据的分析》，《税务研究》2018年第1期。

[6] Newbery, D. & Stern, N., *The Theory of Taxation for Developing Countries*, New York: Oxford University Press for the World Bank, 1987.

[7] Bird, R. & E. Zolt. "Redistribution via Taxation: the Limited Role of the Personal Income Tax in Developing Countries", *UCLA Law Review*, 2005 (52).

[8] 李万甫：《精准施策 助力提升高质量发展的税收治理》，《税务研究》2018年第4期。

的关系。汪昊①认为，随着中国个人混合所得税制度的实现，提高个人所得税收入规模，以及调整税费扣除制度和税率结构，预期中国个人所得税调节收入分配的功能将会不断增强，调节效果也将日益显著。黄晓虹②认为，分类综合所得税制下，免征额越高，收入调节效应越差；拉大税率级距比起更高的免征额体现出更为有效的收入调节效应；以家庭为计税单位也相对有利于调节收入差距。杨沫③认为，新一轮个税改革实现了预期的减税效应，尤其减轻了中等收入群体的税收负担，但新个税的收入再分配调节作用有所弱化，主要是平均税率降低导致的。王凯风和吴超林④认为，提高个税的免征额会扩大税前收入不平等的波动，恶化宽松货币政策等外生冲击下的初次分配，削弱累进税率对收入初次分配的调节能力；但在免征额提升后，税率累进幅度的提高能进一步改善收入再分配。杨灿明⑤认为，个人所得税税率不应高于企业所得税税率，否则会使高收入群体将收入转移至企业进行避税，税制的收入调节功能无法有效发挥。张玄和岳希明⑥的研究发现，综合课征有利于提高个人所得税的平均税率、累进性和再分配效应；基本减除费用标准提高、专项附加扣除和税率级距改变均在不同程度上提高了个人所得税的累进性，降低个人所得税的平均税率，从而削弱个人所得税的收入再分配效应；综合课征会增强基本减除费用标准、专项附加扣除和税率结构改变对个人所得税收入再分配效应的影响。

---

① 汪昊：《个税改革，为国家治理现代化铺路——本轮税收的几个突破》，《人民论坛》2018年第25期。
② 黄晓虹：《分类综合个人所得税制改革效应的测算研究——基于2018年个税改革方案》，《华东经济管理》2019年第9期。
③ 杨沫：《新一轮个税改革的减税与收入再分配效应》，《经济学动态》2019年第7期。
④ 王凯风、吴超林：《个税改革、收入不平等与社会福利》，《财经研究》2021年第1期。
⑤ 杨灿明：《助力高质量发展的税制体系改革》，《国际税收》2021年第9期。
⑥ 张玄、岳希明：《新一轮个人所得税改革的收入再分配效应研究——基于CHIP 2018的测算分析》，《财贸经济》2021年第11期。

2. 个人所得税对居民消费的影响

学界大致存在两种看法，一是认为个人所得税没有影响居民消费，或影响较小；二是认为个人所得税对居民消费有较大影响。比如，张振卿[①]的研究表明，受制于个人所得税相对规模、征收范围、征收率、纳税方式的影响，个人所得税并未真正成为制约城镇居民消费的因素。王鑫和吴斌珍[②]分析了2006年个人所得税起征点提高对消费的影响，认为税收减免提高了居民消费力度。缪慧星和柳锐[③]的研究表明个人所得税对社会消费的影响呈递增趋势，其长期冲击效应较为明显。廖楚晖和魏贵和[④]的研究表明，个人所得税在一定程度上影响了城镇居民消费性支出，呈现出不显著且微弱的负相关关系。刘华等[⑤]分析了税收凸显性对居民消费行为的影响，研究发现个人所得税对居民的消费行为具有显著的负效应。张涛和刘洁[⑥]认为，中国实行的提高个人所得税起征点的改革措施并未显著起到刺激居民消费的作用，个人所得税对居民消费的调节作用不强。徐润和陈斌开[⑦]的研究表明，减税政策对于提升工薪阶层消费效果非常显著，税收下降对个体户消费行为影响较小且不显著；受制于流动性约束、预防性储蓄和短视行为等因素的影响，个税改革对不同类型家庭消

---

① 张振卿：《个人所得税、城镇居民收入与消费关系实证研究》，《税务与经济》2010年第2期。
② 王鑫、吴斌珍：《个人所得税起征点变化对居民消费的影响》，《世界经济》2011年第8期。
③ 缪慧星、柳锐：《增值税、消费税和个人所得税对社会消费冲击的动态效应》，《税务研究》2012年第8期。
④ 廖楚晖、魏贵和：《个人所得税对我国城镇居民收入与消费的影响》，《税务研究》2013年第9期。
⑤ 刘华、陈力朋、徐建斌：《税收凸显性对居民消费行为的影响——以个人所得税、消费税为例的经验分析》，《税务研究》2015年第3期。
⑥ 张涛、刘洁：《中国个人所得税改革对城镇居民消费的影响》，《黑龙江社会科学》2015年第6期。
⑦ 徐润、陈斌开：《个人所得税可以刺激居民消费吗？——来自2011年所得税改革的证据》，《金融研究》2015年第11期。

费的刺激效果存在明显的异质性。黄晓虹[①]研究了2011年个税改革对消费的影响及在消费结构上的再分配效应，发现提高免征额可促进居民消费，而调整免征额的同时降低边际税率、减少税率级数的减税措施，更有利于刺激消费。王秀燕等[②]研究了2011年个税改革对居民消费行为的影响，发现个人所得税减免对居民消费行为具有显著的刺激效应。

曹月玲[③]的研究表明，免征额调整虽然促进了城镇居民消费水平的提升，但效果并不理想。周清[④]认为，要进一步促进居民消费，个人所得税有必要继续减轻，同时进一步调节收入分配差距，使收入分配更加公平。彭进清和肖银飞[⑤]的研究表明，相比个人所得税起征点的调整，公众对个人所得税专项附加扣除的认知不足，导致个人所得税减免能否提升消费尚不能确定。詹鹏和张玄[⑥]的研究表明，专项附加扣除改革的消费升级效果更好，其直接瞄准有支出负担的家庭，减负作用较为明显，尤其是在缓解医疗保健消费负担方面有更好效果。赵艾凤等[⑦]认为，个人所得税税负感知下降能够促进消费升级，要求扩大中等收入群体的税率级距、降低边际税率，加大个人所得税对中等收入群体的减税力度，降低中等收入纳税人税负感知，

---

① 黄晓虹：《个人所得税改革、消费刺激与再分配效应——基于PSM方法》，《中国经济问题》2018年第5期。
② 王秀燕、董长瑞、靳卫东：《个人所得税改革与居民消费：基于准实验研究》，《管理评论》2019年第2期。
③ 曹月玲：《个人所得税调整对我国城镇居民消费支出影响的实证分析》，《商业经济研究》2019年第9期。
④ 周清：《个人所得税改革对居民消费的效应评价与完善路径》，《税务与经济》2020年第1期。
⑤ 彭进清、肖银飞：《个税专项扣除改革对居民家庭消费意愿的影响研究——基于税改落地前的调查数据分析》，《消费经济》2019年第3期。
⑥ 詹鹏、张玄：《最近一轮个税改革的消费升级效果》，《湘潭大学学报》（哲学社会科学版）2022年第3期。
⑦ 赵艾凤、向清雨、王好：《税负感知视角下促进消费升级的个人所得税研究》，《税务研究》2023年第3期。

以促进消费升级。晋晓妹和刘蓉[①]的研究表明，2018 年个税改革的整体消费激励效果显著，优化了居民家庭的消费结构，显著提高了享受发展型消费和医疗保健支出消费比重，受债务约束、年轻户主以及有孩子或有老人的居民家庭消费提升更为显著，而户主受教育程度低、健康状况不良和未婚家庭的消费促进效果不明显。

另外，也有部分学者就个人所得税对居民储蓄、经济增长等问题进行了分析和研究。

三 个人所得税对国家治理的影响

近年来，国内对个人所得税的研究开始关注其对国家治理的影响。党的十八届三中全会提出财政是国家治理的基础与重要支柱，而个人所得税是财政制度的重要内容，从而必然能够对国家治理产生积极影响。

1. 税收制度与国家治理

学界大多认为，税收关乎每一位公民的收入及消费，公民的关注必然反映到国家治理上来，从而影响国家治理能力与治理效果。比如，Levi[②]解释了税收制度是财政制度的重要子系统，对国家治理有重要影响。Moore[③]认为，建立税收共同理念是改善政府治理的重要路径，财政收入中税收所占的比重越大，政府的治理能力就越高，政府的可问责性也越强。张景华[④]认为，税收能够促进政治问责，改善治理质量，并且由公民直接负担的税收在改善治理中的作用尤为

[①] 晋晓妹、刘蓉：《新一轮个税改革对居民家庭消费的影响》，《地方财政研究》2023 年第 3 期。

[②] Levi, M., *Of Rule and Revenue*, Berkeley: University of California Press, 1989.

[③] Moor, M., "How Does Taxation Affect the Quality of Governance?", *Institute of Development Studies Working Paper*, 2007.

[④] 张景华：《税收与治理质量：跨国实证检验》，《财贸经济》2014 年第 11 期。

显著。刘尚希[1]指出，税收征管能力是国家治理的基石，是国家治理能力的重要体现。卢洪友和张楠[2]认为，正式与非正式的税收机制是国家治理困境在财税领域的表现，应推动税收制度适应国家治理现代化。刘元生和李建军[3]认为，税收成为国家和社会互动的关键纽带，主要从财力机制、表达机制、激励机制和征管机制四个层面影响国家治理。储德银等[4]认为，间接税与直接税、企业所得税与个人所得税均对地方政府治理能力的影响存在方向性差异。其中，间接税占比提高显著抑制地方政府治理能力，而直接税占比提高能够显著提升地方政府治理能力，且个人所得税对地方政府治理的促进作用相对大于企业所得税的抑制作用。另外，高培勇[5]、张雷宝[6]、马骁和周克清[7]、谷成和刘逸凡[8]、朱诗柱[9]、许正中[10]和谢波峰[11]等从多个角度分析了财政税收制度在国家治理的全过程和各领域的基础性和支撑性作用。

大体来看，现有文献多从定性分析和宏观层面阐述税收制度与

---

[1] 刘尚希：《增强国家治理能力的重要举措》，《中国税务》2016年第1期。

[2] 卢洪友、张楠：《国家治理逻辑下的税收制度：历史线索、内在机理及启示》，《社会科学》2016年第4期。

[3] 刘元生、李建军：《论推动国家治理现代化的税收职能作用》，《税务研究》2019年第4期。

[4] 储德银、费冒盛、黄暄：《税制结构优化与地方政府治理》，《税务研究》2020年第11期。

[5] 高培勇：《论国家治理现代化框架下的财政基础理论建设》，《中国社会科学》2014年第12期。

[6] 张雷宝：《税收治理现代化：从现实到实现》，《税务研究》2015年第10期。

[7] 马骁、周克清：《国家治理、政府角色与现代财政制度建设》，《财政研究》2016年第1期。

[8] 谷成、刘逸凡：《税收确立方式与现代国家治理》，《财政科学》2019年第10期。

[9] 朱诗柱：《新时代税收服务国家治理的职能定位与基本路径》，《税收经济研究》2020年第3期。

[10] 许正中：《新时代税收在国家治理中的地位和作用》，《国际税收》2022年第10期。

[11] 谢波峰：《税收现代化服务中国式现代化：基于国家治理视角的认识》，《国际税收》2023年第4期。

国家治理的作用机理，提出现代税收制度的构建要适应国家治理现代化和政府角色转变，但尚未对税收与国家治理的具体行为选择及相互影响进行深入的研究。

2. 个人所得税与国家治理

目前，学界对个税与国家治理影响机制的研究相对较少，主要是提出推进国家治理现代化下的个税改革的具体措施与重要作用，并讨论国家与公民的有效互动关系和构建共商共享机制。比如，Prichard[1]认为，个人所得税改革是提升国家治理效率的重要手段。经庭如和曹结兵[2]认为个人所得税的改革定位，不能仅局限于其财政功能和调节功能，还应注意到个人所得税具有培育公民意识的功能。杨志勇[3]认为个人所得税的发展应能促进国家治理现代化。刘成龙等[4]认为，税收职能与国家治理目标高度契合，个人所得税对推进国家治理现代化具有重要作用，并提出了优化个人所得税的路径。王海勇[5]、汪昊[6]等也注意到个人所得税对国家治理具有积极的作用。大体来说，现有文献对个人所得税与国家治理的作用机理仅有相对简单的论述，尚未对个税改革与国家治理转型的双向互动和逻辑机理作出系统性、具体的研究，因而有必要从定量与定性相结合、微观与宏观相结合的角度对最新个税改革背景下的二者互动机理作出

---

[1] Prichard W., "Taxation and State Building: Towards Governance Focused Tax Reform Agenda", *Ids Working Papers*, 2010(341).

[2] 经庭如、曹结兵：《提高直接税比重视角下的个人所得税改革定位及路径》，《税务研究》2016年第11期。

[3] 杨志勇：《现代税收制度建设：四十年个人所得税发展的思考》，《经济纵横》2018年第6期。

[4] 刘成龙、王婷、冯卉：《国家治理视角下我国个人所得税的优化》，《税务研究》2020年第2期。

[5] 王海勇：《自然人税收管理体系的构建——以税收本质属性为视角》，《税务研究》2016年第11期。

[6] 汪昊：《个税改革，为国家治理现代化铺路——本轮税改的几个突破》，《人民论坛》2018年第25期。

新的判断和深入研究。

总的来说，国内外文献对个税改革进行了较为深入的研究，理清了个税改革的方向并在实践中得以落实，讨论了个人所得税对居民消费和收入分配的影响机制，并开始分析个人所得税对国家治理的影响。上述文献为进一步深入讨论该命题提供了丰富的素材，或是提供了理论支撑和逻辑起点，或是铺设了方法与技术手段。但个人所得税作为中国最重要的直接税制度，学界对个税改革与国家治理的关系讨论如此之少，不能不令人遗憾。而这正是本书研究的重点所在。

第三节　理论基础与主要内容

一　理论基础

虽然2018年个税改革的顺利完成标志着中国综合与分类相结合的混合所得税目标得以实现，但国家治理转型却是一个涉及多重关系及制度相互介入的复杂系统。个税改革与国家治理转型的双向互动，需要超越技术层面在更为综合的视域中进行解析。本书以个税改革与国家治理转型的双向互动逻辑为基础，探讨个税改革对经济治理、政治（政府）治理与社会治理转型的影响机制及其效果，并以此为基础提出相应的政策建议。个税改革与国家治理转型的双向互动逻辑体现在个税与经济治理转型、政治（政府）治理转型和社会治理转型三个方面。

1. 个税改革与经济治理转型的双向互动逻辑

无论是学术界还是民众，对个税改革的期待莫过于其对社会公平的正向影响，即期待个税改革能够实现公平。个税改革的公平性是经济治理转型的核心要义，公平既是民众对个人所得税制度的期许，也是经济治理转型的题中应有之义。

学界一般将公平的内容界定为三个层次，即权利公平、机会公平和结果公平。权利公平体现在个人所得税制度的设计过程中，即以制度设计的公平性来展现个税改革对国家治理转型的影响。机会公平体现在政府是否消除人们因自然或社会偶然性等环境因素造成的不平等。无论是权利公平还是机会公平，最终都需要落实到结果公平上，即对纳税人最终收入分配的影响。个人所得税的结果公平反映了国家治理转型的要求，其对于缩小贫富差距、促进经济社会长期稳定发展具有重要意义。

不仅个人所得税制度设计与实施会影响居民间的公平关系，而新经济形态的出现也会对个人所得税制度提出挑战，从而影响居民之间的公平关系。在平台经济方兴未艾的背景下，平台相关从业人员的个人所得税治理已经成为税收治理不能回避的问题，是国家治理在平台经济领域的反映。个税改革必须有效回应平台经济的兴起及其带来的税收治理问题，特别是应对其从业人员税收征缴方面的公平与效率问题。

2. 个税改革与政治（政府）治理转型的双向互动逻辑

个人所得税是中国税收制度的重要内容，对于民众而言具有直观明显的特点，从而带动民众高度重视政治（政府）治理的转型，助推善治政府建设。个税负担的敏感性要求国家治理必须具有高度的回应性、问责性和透明性。个税政策的制定必须在国家意志和民意之间保持平衡，个税收入的实现要在管理和服务之间取得平衡，个税征管的过程要在纳税人履行义务和行使权利之间寻求平衡。国家与民众在个税改革上的良性互动有助于推进现代个人所得税制度建设，实现建立法治政府、有限政府和服务型政府的目标。具体表现为三个方面：

第一，个税改革有助于提升民众的参政议政意识。个人所得税负担的显性化能够激发民众的参与热情。全国人大常委会就个税改革广泛征求民众意见，为民众广泛参与个税改革并表达其诉求提供了渠道。特别是民众广泛参与个税改革的讨论和意见在一定程度上被全国人大常委会采纳进一步激发了民众的参政热情，提升了民众的参政议政意识。

第二，民众参政议政意识提升能够有效影响政治（政府）治理。个税改革激发的民众参政议政热情不仅在税制改革领域逐步体现出来，而且扩展到政府活动的其他领域。特别是民众非常关注政府的财政收支，从而迫使政府更加科学有效地使用财政资金，推动政府职能实现科学化目标，促进财政支出效率提升。另外，由个税改革所引发的民众对国家政治经济事务的广泛关注，实际上表现为民众对于国家政治经济事务的民主监督，从而要求政府更加规范地运行。

第三，媒体的关注进一步放大了个税改革对政治（政府）治理转型的影响。在自媒体时代，民众的呼声更容易反映到政府及相关部门，而公共舆论的形成也在一定程度上倒逼政府高效、规范和廉洁运行。因此，个税改革所形成的参政议政意识和监督意识对于政治（政府）治理转型具有非常重要的意义。

3. 个税改革与社会治理转型的双向互动逻辑

社会治理转型是国家治理转型的重要内容，是中国式现代化的必由之路。一般认为，和谐有序和充满活力是社会治理现代化的两个维度。社会和谐有序要求民众具有较高的纳税遵从度，要求政府具有较强的资源整合能力；社会充满活力要求民众能够积极参与国家事务管理，充分发挥社会主人公作用。个税改革与社会治理转型的双向互动逻辑表现为：

第一，个税改革提升纳税遵从意愿。个税改革提高了民众的公平感知，从而提升了纳税遵从意愿。2018年个税改革注重统筹横向公平与纵向公平，坚持让中低收入劳动者获得较多收益，大幅拉大了综合所得20%以下各档次税率级距和生产经营所得税率级距，有效降低了中低收入劳动者的税负。研究表明，2018年个税改革在一定程度上降低了基尼系数，有助于改善收入分配矛盾。个税改革所体现的税负公平分配有利于提升广大民众的纳税遵从意愿。

第二，个税改革提高政府公信力。2018年《中华人民共和国个人所得税法》修订前，向社会公开征求意见并予以部分吸纳，有利于民众在制度规则层面充分表达并实现其利益诉求，有利于民众认可其与政府间的契约，对政府的认可度得以提升。现代征管技术的出现使税务部门能严格依法治税，进一步提高了税务部门及政府的公信力。

第三，个税改革提高社会活力。2018年个税改革广泛邀请全社会相关主体共同参与个人所得税制度规则的建设。民众关于个税改革的部分意见被全国人大常委会采纳，激发了民众的参政热情，促进其政治参与意愿提升，能够有效激发社会活力。

个税改革对中国经济治理、政治（政府）治理和社会治理的转型具有非常重要的影响，而国家治理转型也对个税改革提出相应的要求。这主要体现在要求个税改革实现更高的公平性，助推平台经济发展，提升政府效率和社会治理转型，等等。

二 主要内容

本书基于个税改革与国家治理转型的双向互动逻辑，深入探讨个税改革对经济治理、政治（政府）治理、社会治理转型的影响机理及其效果，从而为国家治理体系和治理能力现代化提供新的思路与政策建议。本书将主要包括六个部分，其中：

第一章，导论。本部分主要包含问题的提出、文献综述、理论基础与主要内容、可能的创新与局限。

第二章，个税改革与经济治理转型：公平视角的考量。本部分主要对个税改革的公平效应进行了测度和分析。研究发现，2018年个税改革使个人所得税的累进性有所增强，高收入家庭承担了更大份额的个人所得税负担，低收入家庭对个人所得税总收入的贡献进一步降低。2018年个税改革使个人所得税收入再分配效应有所弱化，主要源于税率结构累进性的下降以及平均税率的降低。无论是对于个人所得税的累进性还是收入再分配效应，专项附加扣除所起到的作用都比较有限，且呈现逆向调节。另外，2018年个税改革强化了个人所得税对机会公平的维护。

第三章，个税改革与经济治理转型：平台经济税收治理。本部分主要讨论了平台经济对个人所得税治理的挑战，特别是平台经济相关个体从业者的纳税不遵从导致个人纳税人之间的不公平。本部分从信息不对称的角度分析了税收征管机构、平台机构和从业人员之间的行为博弈，要求改革平台经济税收征管模式，加强与平台机构的信息合作，提升纳税人的纳税遵从。

第四章，个税改革与政治（政府）治理转型：参政意识与政府回应性。本部分主要讨论了个税改革如何影响政治（政府）治理转型。个税改革直接影响民众的可支配收入，在很大程度上提升了民众的政治参与度，加强了对政府活动的监督力度。在此背景下，政府行为对民众"急难愁盼"事项的回应度不断提升，加快了政治（政府）治理转型，在一定程度上提升了政府治理效率。

第五章，个税改革与社会治理转型：秩序维护与活力激发。本部分主要讨论了个税改革如何影响社会治理转型。社会治理是国家治理和基层治理的关键环节，社会治理现代化是国家治理现代化的重要组成部分。研究表明，个税改革通过提升纳税遵从意愿与政府公信力，维护了社会秩序；个税改革提升了居民政治参与意愿，从而在一定程度上激发了社会活力，并加快了社会治理的转型。

第六章，结论与展望。本部分主要分析了个税改革的进展与局限，并就个税改革与国家治理转型进行了展望。

第四节 可能的创新与局限

一 可能的创新

自20世纪80年代开设个人所得税以来，国内对个税改革的研究可谓汗牛充栋，不少研究成果转变为改革实践的动力并成为现实。要在这样一个领域中寻找新的增长点或研究方向是有一定难度的。但伴随全面深化改革而来的国家治理转型为个税改革提供了新的研究场域。或者说，从国家治理视域分析个人所得税改革以及两者之间的双向互动，本身就是一个巨大的创新点。

在经济治理转型方面，本书首先分析了个税改革的公平性及其对民众的影响，而这种公平性不仅对经济治理转型影响深远，而且对政治（政府）治理转型和社会治理转型有较大的影响；其次，本书分析了平台经济的发展对个税改革的挑战及治理路径，为个人所得税制度的改进与平台经济的腾飞提供了并驾齐驱的发展路径。

在政治（政府）治理转型方面，本书着重分析了个税改革如何推进政府治理效率的提升。具体来说，个税改革能够提升居民的参政意识，提高政府治理的回应性，并进而提高政府运行的规范性。

在社会治理转型方面，本书着重分析了个税改革如何维护社会秩序，激发社会活力。具体来说，个税改革能够提升居民纳税遵从意愿，提高居民对政府的信任，从而维护社会秩序；个税改革能够提高居民参政意愿，鼓励其参政行为，从而激发社会活力。

另外，现有文献大多从定性分析的角度对个税改革与国家治理转型之间的互动进行研究，本书在定性分析的基础上，更强调利用数理模型和计量模型对个税改革与国家治理转型之间的双向互动进行研究，拓展了研究的深度和准确度。

二　存在的局限

个人所得税是中国最重要的直接税制度，备受社会各界的关注。个税改革不仅是过去四十年学界研究的热点，而且将是未来较长一段时间内学界研究的重点。本书对个税改革与国家治理转型的研究更多是一个粗浅的扫描，对二者之间的双向互动逻辑的研究也是初步的，理论基础尚不够扎实。更为重要的是，国家治理转型也将是一个相对漫长的历程，不能指望在三五年之内全面完成。因此，个税改革与国家治理转型之间的双向互动，就不可能在短期内一蹴而就；本书所提出的相关问题也可能在未来一段时间内出现新的变化。显然，无论是笔者的研究能力还是研究视野，都不大可能对这些问题进行全面深入的探究，需要在未来持续发力跟踪研究。

第二章　个税改革与经济治理转型：公平视角的考量

第一节　问题的提出

作为人类基本的文明诉求，公平既是确保社会稳定的基础，也是促进经济社会发展的重要手段，还是增进民生福祉的重要目标。经过数千年的发展，尤其是近现代以来，公平扮演着愈发重要的角色，深刻地影响着国家的制度建设和未来走向。一国的制度规范具有复杂的表现形式，而税收无疑是其中最重要的经济规制之一。如熊彼特所言，"税收不仅帮助创造了国家，而且还帮助塑造了国家的形式"[①]。如此，税收与公平就天然地产生了联系。确实，有研究指出，在税收制度中，公平可能是最早提出的要求。[②]通过税收制度促进社会公平，已经成为税收理论的基本研究议题。个人所得税发源于《权利法案》签署百年之后的英国，虽为战争之故筹措资金，但在资产阶级民主思潮的影响下，其开征之初就已经超越了仅筹集财政收入的原初动机，而非常关注效率之上的税收公平建设。时至今日，个人所得税已经成为当代税收体系中的重要税种，对国家能力的培育、社会公正的维护、人民福祉的增进都具有重要的意义，亦是推动国家治理转型的重要工具。

---

① Schumpeter J. A., *The Crisis of the Tax State*. Princeton: Princeton University Press, 1918.
② Bánfi T., "A Fair Tax (System) or an Ethical Taxpayer?" *Society and Economy*, 2015, 37(s1).

消除社会不公需要政府干预，而税收作为政府一项古老的收入形式，在国家能力建设中发挥着基础性作用。除筹集财政收入外，税收也可以显著影响经济和社会的公平正义。个人所得税作为典型的直接税，是促进社会公平正义的重要手段。对于中国来说，在公平视角下的个人所得税制度的构建尤为重要。第一，现实中税收结构纷繁复杂，并不存在真正意义上的中性税，即便是间接税，也会造成普遍的扭曲。与间接税饱受诟病的累退性相比，直接税对于社会公平有着更为正向的调节作用。第二，同样是直接税，与财产税相比，个人所得税的征税成本低、筹资能力强，在中国运行也趋于成熟，现阶段较为适合承担起公平的职能。第三，个人所得税对机会公平和结果公平都可发挥积极效应。个人所得税税制要素的合理安排和征管的高效开展有助于维护机会公平。个人所得税直接作用于收入端，可以对收入再分配的结果公平产生显著影响。

个人所得税对机会公平的作用主要体现在两个方面：一是税前机会公平的维护。这就要求征税前考虑个人的境况差异，避免对个人可行能力的剥夺。对于可行能力，可以理解为纳税人为保障其个人以及家庭成员基本生存及发展能力的必要收入。从全球范围内个人所得税实践来看，"所得"指的是能增加个体潜在消费能力的收入，纳税人为维持可行能力所必须支付的那部分收入并不能构成其消费能力，在计算应纳税所得时应予以扣除。① 二是税后矫正机会不公。累进的个人所得税可以缩小纳税人间的收入差距，而收入差距的缩小可减弱财富积累的"马太效应"，进而减少弱势群体参与市场竞争面临的阻力。②

---

① 刘成龙、王婷、冯卉：《国家治理视角下我国个人所得税的优化》，《税务研究》2020年第2期。

② 陈斌开、曹文举：《从机会均等到结果平等：中国收入分配现状与出路》，《经济社会体制比较》2013年第6期。

要使个人所得税在促进社会公平方面有所作为，税制要素设计就要体现横向公平和纵向公平。所谓横向公平，就是相同能力的人缴纳相同的税，纵向公平指的是不同能力的人缴纳不同的税。布坎南曾指出，税收横向公平的根源在于法律面前人人平等。[①] 这就要求税收法律制度的制定应具有普遍的适用性。个人所得税的横向公平集中体现为课税的普遍性以及所得分类的科学性。这是实现个人所得税公平效应的基本要求。纵向公平则是个人所得税公平效应的核心体现。纵向公平要求个人所得税要观照个体不同的课税能力以维护机会公平，在此基础上对收入水平高的纳税人适度多课税以调节收入再分配。个人所得税的纵向公平主要体现在费用扣除、税收优惠以及税率结构等方面。

长期以来，中国个人所得税存在短板，限制了其公平效应的发挥。在横向公平方面，虽然自1993年《中华人民共和国个人所得税法》第一次修订后，所得范围较为完善，但实际上由于实行分类所得税制度，各类所得的纳税标准差异较大，与劳动所得相比，资本所得的纳税范围很窄，税收负担也较轻。即便是同类所得，也面临不同的纳税标准。课税不普遍，分类不科学的个人所得税制度限制了其对社会公平的调节作用。在纵向公平方面，滞后的免征额调整无法反映个人真实的生存成本、"一刀切"的免征额设定没有考虑到不同个体生存需要的差异性、一些税收优惠政策注重效率增进而忽视公平、累进税率结构的实际效果欠佳，这些也成为历次个税改革关注的焦点。此外，在中国现有税收征管框架下，个人所得税的偷漏税现象较为普遍，也在一定程度上侵蚀了税收的公平性进而影响了其作用的发挥。

中国多次修订和完善了个人所得税制度。其中，2018年8月31

---

① 《公共财政》，赵锡军、张成福等译，中国财政经济出版社1991年版。

日十三届全国人大常委会第五次会议表决通过的个人所得税法的第七次修订尤为关键。从公平的视角来看,此次修订的亮点主要有三个方面:一是将工资薪金、劳务报酬、稿酬和特许权使用费所得合并为综合所得进行课征,从而初步实现了分类与综合相结合的混合所得税制目标,个人所得税的横向公平得到更好体现。二是将综合所得的基本扣除标准提高到 6 万元 / 年,并在"三险一金"的专项扣除之外增加专项附加扣除,大幅度提高了个人生存所需的扣除,并且考虑了差异性个体不同的生活诉求,更大程度上避免了税收对个人可行能力的剥夺,进而更好地维护了机会公平。三是扩大中低收入部分综合所得的级距,调节收入再分配的目标更加凸显。另外,还对居民身份认定、纳税方式、反避税等方面都进行了大范围的调整,税收征管制度趋于规范。

但是,这些改革是否能够真正强化个人所得税对机会公平和结果公平的影响,仍有待进一步检验。比如,此次个税改革的主基调是减税,对于低收入劳动者来说,综合所得免征额的提高对其并无任何影响,而中高收入者则可以享受免征额提高带来的应纳税所得的减少以及边际税率的降低。再如,首次设定的六项专项附加扣除确实维护了机会公平,但是只有年综合所得超过 6 万元的纳税人才有可能享受这一扣除,低收入者往往无法从中获益,况且专项附加扣除的依据是个人的社会状态而非收入水平,而有资格享受这一扣除的未必是收入较低者,这就体现了机会公平和结果公平之间的矛盾。

第二节　个税改革的公平效应:测度方法

一　数据处理

为了准确测度个税改革的公平效应,本书拟运用微观数据进行实证分析。在微观数据中，个人所得税的作用直接体现为征税前后纳税人收入水平的变化，收入再分配效应的观测最为直接。目前，学界对个人所得税公平效应的分析大都集中于收入再分配效应，相关的研究成果较为丰富。对于中国新一轮个税改革的再分配效应，也有学者陆续展开研究，多数研究结果基本表明此次个税改革弱化了个人所得税的收入再分配效应，即使引入专项附加扣除也于再分配无益。[1][2][3][4][5] 综观这些研究不难发现，这些研究对个税改革公平效应的分析维度过于单一，大多对个税改革的结果公平效应进行了分析，而忽略了个税改革的机会公平效应。为了更好地反映新一轮税改的公平效应，本书以收入再分配作为切入点，借鉴 Kakwani[6][7] 以及岳希明等[8]的做法，以基尼系数为核心，分别构建 K 指数和 MT 指数，运用中国家庭金融调查与研究中心的调查数据（CHFS2017）对个人所得税的结果公平效应展开测算和研究，并在此基础上分析个人所得税对机会公平的影响。

本书采用中国家庭金融调查与研究中心 2017 年的调研数据

---

[1] 刘蓉、寇璇：《个人所得税专项附加扣除对劳动收入的再分配效应测算》，《财贸经济》2019 年第 5 期。

[2] 王钰、田志伟、王再堂：《2018 年个人所得税改革的收入再分配效应研究》，《财经论丛》2019 年第 8 期。

[3] 李文：《公平还是效率：2019 年个人所得税改革效应分析》，《财贸研究》2019 年第 4 期。

[4] 胡华：《平均税率与个人所得税的收入调节功能比较研究》，《数量经济技术经济研究》2019 年第 6 期。

[5] 张德勇、刘家志：《新个人所得税对劳动收入再分配的影响》，《中国社会科学院研究生院学报》2020 年第 2 期。

[6] Kakwani N. C., "Measurement of Tax Progressivity: An International Comparison", *The Economic Journal*, 1977, 87(345).

[7] Kakwani N. C., "On the Measurement of Tax Progressivity and Redistributive Effect of Taxes With Appli-Cations to Horizontal and Vertical Equity", *Advances in Econometrics*, 1984, 3(149-168).

[8] 岳希明、徐静、刘谦、丁胜、董莉娟：《2011 年个人所得税改革的收入再分配效应》，《经济研究》2012 年第 9 期。

（CHFS2017）。该数据库是全国性的大型微观调查数据，覆盖了中国除新疆、西藏、港澳台地区以外的29个省（自治区、直辖市），数据代表性强、可信度高，受到广泛认可；详细记录了样本家庭及个人2016年的收入相关情况。考虑到中国现行个人所得税制度对农业收入免税，个人所得税基本上只覆盖城镇居民，故本书只考虑城镇居民及家庭的个人所得税负担。经过基本的数据清理，获得有效家庭样本17663户，共49681人；其中，2016年参与劳动力市场（就业）的个体共20900人。

本书重点考察综合所得和经营所得的收入再分配效应。其原因主要有三点：第一，本次个税改革对综合所得和经营所得征税税目的改革力度最大，其他相关所得（比如财产租赁所得、财产转让所得、利息股息红利所得等）面临的制度基本没有变化。第二，按照《中国税务年鉴2017》公布的2016年中国个人所得税分项目收入情况，工薪所得、劳务报酬所得和生产经营所得的个人所得税收入占总个人所得税收入的比重达到76.3%，能较好地代表中国的个人所得税征税情况，近年来这三项仍是个人所得税收入的最主要部分。第三，CHFS2017数据库没有公布财产转让所得和股息、利息、红利所得的详细信息，且二者所缴纳的个人所得税收入仅占21.5%（2016年）。另外，本书重点关注个人所得税费用扣除和税率变化所引发的收入再分配效应，主要涉及综合所得和经营所得。

在综合所得中，稿酬所得和特许权使用费所得在居民收入中的份额非常小，因此在综合所得中主要考察工资薪金所得和劳务报酬所得。同时，居民收入中企事业单位的承包承租经营所得占比也非常低，因此在经营所得中主要考察个体工商户生产经营所得。按照CHFS2017问卷的调查信息，本书将受雇于他人的收入界定为工资薪金所得，包括工资、奖金和补贴收入等；将自由职业和其他职业所获得的收入界定为劳务报酬所得；将个体工商户或私营企业、自主创业的收入认定为生产经营所得，对应于新税法中的经营所得。本书重点考虑免征额、专项附加扣除以及税率结构的变化对个人所得税收入再分配效应的影响，个人可以享受的专项附加扣除计算方式则按照《个人所得税专项附加扣除暂行办法》，结合个人家庭关系以及教育、医疗、住房、养老等状态进行甄别计算。

二 收入再分配效应的测度

1. K 指数的测度

K 指数可以很好地反映个人所得税的累进程度。当 K 指数大于 0，则说明个人所得税具有累进性，即税收负担占税前收入的比重随着税前收入的增加而增加，收入越高的群体承担越多的税负。K 指数越高，说明个人所得税的累进性越强。反之，当 K 指数小于 0，则说明个人所得税具有累退性。Kakwani[①] 提出的 K 指数的计算方法，具体为：

$$K = C_T - G_X \tag{2-1}$$

T 表示税收，X 表示税前收入。C_T 是按照税前收入排序的税收集中率，G_X 是税前收入的基尼系数。

2. MT 指数的测度

测算 MT 指数以反映个人所得税的收入分配效应。MT 指数由 Musgrave 和 Thin[②] 提出，指税前收入基尼系数和税后收入基尼系数之差。MT 大于 0，则说明税收会改善收入分配不平等，MT 值越大，

[①] Kakwani N. C., "Measurement of Tax Progressivity: An International Comparison", *The Economic Journal*, 1977, 87(345): 71–80.

[②] Musgrave R. A., Thin T., "Income Tax Progression, 1929—1948", *Journal of Political Economy*, 1948, 56(6): 495–498.

改善程度越高。反之，MT 小于 0，则说明税收加剧了收入分配不平等。MT 指数的计算方法为：

$$MT = C_X - G_Y \tag{2-2}$$

Y 代表税后收入，G_X 为税前收入基尼系数，G_Y 为税后收入基尼系数。

在此基础上，Kakwani[①] 和岳希明等[②] 对 MT 指数进行分解，公式为：

$$MT = HORI + VERT = (C_Y - G_Y) + \frac{t}{1-t}K \tag{2-3}$$

其中，C_Y 代表以税前收入进行排序所得到的税后收入集中率。t 为个人所得税平均税率，即所有样本的应纳税总额与税前收入总额的比值。$C_Y - G_Y$ 衡量个人所得税的横向公平效应，用 HORI 来表示。$\frac{t}{1-t}K$ 衡量个人所得税的纵向公平效应，用 VERT 来表示。个人所得税的横向公平是指相同收入的个体应该承担相同的税负，$C_Y - G_Y$ 的最大值为 0。当 $C_Y - G_Y$ 等于 0 时，说明个人所得税的缴纳并没有改变个体的收入排序，个人所得税实现了完全的横向公平。当 $C_Y - G_Y$ 小于 0 时，横向公平原则被破坏；相应的，MT 指数值会变小，税收的收入再分配效应会减弱。个人所得税的纵向公平是指不同收入的个体应该承担不同的税收负担。从上述分解公式可知，纵向公平效应由平均税率 t 和累进性 K 两部分组成，K 决定了纵向公平效应的符号，K 大于 0，则说明个人所得税的纵向公平效应会降低收入分配差距，且 K 越大，调节作用越强，即个人所得税的纵向公

---

① Kakwani N. C., "On the Measurement of Tax Progressivity and Redistributive Effect of Taxes With Appli-Cations to Horizontal and Vertical Equity", *Advances in Econometrics*, 1984, 3.

② 岳希明、徐静、刘谦、丁胜、董莉娟：《2011年个人所得税改革的收入再分配效应》，《经济研究》2012 年第 9 期。

平效应越强。在 K 不变的情况下，t 越大，个人所得税的纵向公平效应也越强。

三 收入再分配效应的分解

1. 收入再分配效应的分解：个人层面

从相关文献以 MT 指数的分解对中国个税收入分配效应进行测算的结果来看，个人所得税的横向公平效应很弱，纵向公平效应对收入再分配的调节起到支配作用[①②]。参照 Pfähler[③]和 Barbetta 等[④]以及岳希明等[⑤]的做法，对 MT 指数中的纵向公平效应再进行分解，可以发现个人所得税的税制结构对收入再分配的效应。

需要说明的是，由于 MT 指数中的纵向公平效应等于 $\frac{t}{1-t}K$，对其进行分解，实质上就是对 K 指数进行分解。K 是衡量个税累进性的指标，个税的累进性主要来自两个方面，一是税率结构，二是费用扣除。按照上述思路，K 指数可以分解如下：

$$K = (C_T - C_{X-D}) + (C_{X-D} - G_X) \qquad (2-4)$$

上式中，X 代表税前收入，D 代表费用扣除，$X-D$ 表示税前收入减去费用扣除之后的应纳税所得。C_{X-D} 表示应纳税所得按照税前

---

① 岳希明、徐静、刘谦、丁胜、董莉娟：《2011 年个人所得税改革的收入再分配效应》，《经济研究》2012 年第 9 期。

② 徐建炜、马光荣、李实：《个人所得税改善中国收入分配了吗——基于对 1997—2011 年微观数据的动态评估》，《中国社会科学》2013 年第 6 期。

③ Pfähler W., "Redistributive Effect of Income Taxation: Decomposing Tax Base and Tax Rates Effects", *Bulletin of Economic Research*, 1990, 42（2）：121–129.

④ Barbetta G. P., Pellegrino S., Turati G., "What Explains the Redistribution Achieved by the Italian Personal Income Tax? Evidence from Administrative Data", *Public Finance Review*, 2018, 46（1）：7–28.

⑤ 岳希明、徐静、刘谦、丁胜、董莉娟：《2011 年个人所得税改革的收入再分配效应》，《经济研究》2012 年第 9 期。

收入排序的集中率。$C_T - C_{X-D}$ 是税率结构对个人所得税累进性的贡献，$C_D - G_{X-D}$ 是费用扣除对个人所得税累进性的贡献。相应的，个人所得税的纵向公平效应 VERT 为：

$$VERT = \frac{t}{1-t}(C_T - C_{X-D}) + \frac{t}{1-t}(C_{X-D} - G_X) \quad (2-5)$$

在新个税制度下，费用扣除又可以进一步分为基本扣除、专项扣除和专项附加扣除。由于2018年个税改革不涉及专项扣除（三险一金）的调整，因此在测算相关指标时直接对其做相应的处理，而不体现在各环节的测度中。因此，K 指数可以进一步分解为：

$$K = (C_T - C_{X-D}) + \frac{1-\delta}{\varphi}(C_{X-D1} - G_X) + \frac{1-\varepsilon}{\varphi}(C_{X-D2} - G_X) \quad (2-6)$$

其中，$\delta = \dfrac{\sum_{i=1}^{n} d_i^1}{\sum_{i=1}^{n} x_i}$，$\varepsilon = \dfrac{\sum_{i=1}^{n} d_i^2}{\sum_{i=1}^{n} x_i}$，$\varphi = \dfrac{\sum_{i=1}^{n}(x_i - d_i)}{\sum_{i=1}^{n} x_i}$ ①

D1 代表居民取得所得的基本扣除，D2 代表取得所得个体的专项附加扣除，D 代表总的费用扣除，$D = D1 + D2$。$X - D$ 为应纳税所得。相应的，个人所得税的纵向公平效应 VERT 为：

$$VERT = \frac{t}{1-t}(C_T - C_{X-D}) + \frac{t}{1-t}\frac{1-\delta}{\varphi}(C_{X-D1} - G_X) + \frac{t}{1-t}\frac{1-\varepsilon}{\varphi}(C_{X-D2} - G_X) \quad (2-7)$$

2. 收入再分配效应的分解：家庭层面

除个体层面外，还需要从家庭层面分析个人所得税的收入再分配效应。从家庭层面来说，除上文提到的综合所得和经营所得

---

① 式中小写字母是相应大写字母所代表的指标的具体化。例如 d_i 代表每个样本的费用扣除，d_i^1 代表每个样本的基本扣除，d_i^2 代表每个样本的专项附加扣除，x_i 代表每个样本的税前收入等，以此类推，不再赘述。

外，财产租赁所得、财产转让所得、股息利息红利等项目未纳入测算的范畴，且农业收入、政府补贴收入、退休金收入等免缴个人所得税。因此，当从家庭层面进行测算时，家庭成员的税前平均收入减去基本扣除和专项附加扣除的余额并不等同于应纳税所得额，还要进一步减去未计税收入[①]。换句话说，家庭成员的平均税前收入扣除基本扣除、专项附加扣除和未计税收入后的余额构成了每个家庭成员的应纳税所得额。为方便起见，本书将未计税收入视同一种费用扣除。由此，从每个家庭成员的角度考虑，K 指数可以进一步分解为：

$$K = (C_{TF} - C_{XF-DF}) + \frac{1-\delta f}{\varphi f}(C_{XF-DF1} - G_{XF}) + \frac{1-\varepsilon f}{\varphi f}(C_{X-DF2} - G_{XF}) + \frac{1-\theta f}{\varphi f}(C_{XF-DF3} - G_{XF}) \quad (2-8)$$

其中，

$$\delta f = \frac{\sum_{i=1}^{n} df_i^1}{\sum_{i=1}^{n} xf_i}, \quad \varepsilon f = \frac{\sum_{i=1}^{n} df_i^2}{\sum_{i=1}^{n} xf_i}, \quad \theta f = \frac{\sum_{i=1}^{n} df_i^3}{\sum_{i=1}^{n} xf_i},$$

$$\varphi f = \frac{\sum_{i=1}^{n}(xf_i - df_i^1 - df_i^2 - df_i^3)}{\sum_{i=1}^{n} xf_i}$$

XF 代表家庭人均税前收入，TF 代表家庭人均应纳税额，$DF1$、$DF2$、$DF3$ 分别代表家庭人均基本扣除、家庭人均专项附加扣除以及家庭人均未计税收入，DF 代表家庭人均总扣除，$DF = DF1 + DF2 + DF3$。$XF - DF$ 为家庭人均应纳税所得额。C_{TF} 代表按照家庭人均税前收入排序的税后收入集中率，C_{XF-DF} 代表按照家庭

[①] "未计税收入"包括两部分，一是未纳入综合所得和经营所得但属于个人所得税计税范围的收入，二是免于征收个人所得税的收入。

人均税前收入排序的应纳税所得集中率。C_{XF-DF1} 代表按照家庭人均税前收入排序的税前收入减去基本扣除的所得集中率。C_{XF-DF2} 代表按照家庭人均税前收入排序的税前收入减去专项附加扣除的所得集中率。C_{XF-DF3} 代表按照家庭人均税前收入排序的税前收入减去未计税收入的所得集中率。相应的，个人所得税的纵向收入再分配效应为：

$$MT = \frac{t}{1-t}(C_{TF} - C_{XF-DF}) + \frac{t}{1-t}\frac{1-\delta f}{\varphi f}(C_{XF-DF1} - G_{XF}) + \frac{t}{1-t}\frac{1-\varepsilon f}{\varphi f}(C_{X-DF2} - G_{XF}) + \frac{t}{1-t}\frac{1-\theta f}{\varphi f}(C_{XF-DF3} - G_{XF})$$

（2-9）

四 对机会公平效应的测度

对机会公平效应的测度是一个难点。第一，机会公平是一个较为主观的概念，很难通过客观的指标进行测度，并且随着人们生活水平的提高，对机会公平的诉求标准也日趋复杂。考虑到本书重点分析个人所得税的公平效应，姑且把免征额和专项附加扣除的六个项目作为机会公平的体现。第二，机会公平与结果公平相互影响，很难单独进行剥离。如上文所述，征税的机会公平效应体现在两个层面，即税前机会公平的维护主要通过税前的费用扣除来实现，税后机会不公的矫正主要通过累进税率以及针对弱势群体的税收优惠政策来实现。对于后者，可直接从税改前后MT指数的变化得到体现，不再单独加以强调。前者则是本书关注机会公平的重点，为探究这一效应，尝试做如下处理。

若个人所得税的费用扣除充分考虑到了个体的差异性需求，那么税前收入减去各种扣除后的应纳税所得，相较于税前收入，应该体现出更加明显的分布差异。这是由于从税前收入中扣除的是维持个体可行能力的必要费用，这些费用既有相同的部分，又有因个人的家庭关系和社会状态的特殊性而明显不同的部分。只有扣除了这些无法构成潜在消费能力的收入，才能得到个人在机会公平下的合理税基。由于扣除有所不同，那么扣除之后满足机会公平的应纳税收入更能体现个体纳税能力的差异性。考虑到基尼系数能够较好地反映个体间收入分布的差异状况，那么个人所得税的税前机会公平的维护效应可以用税前收入基尼系数减去应纳税所得的基尼系数来表示。如果费用扣除体现了机会公平，那么应纳税所得的基尼系数应该大于税前收入基尼系数。用 PT 表示这一效应，则

$$PT = G_{X-D} - G_X \qquad (2-10)$$

若费用扣除维护了机会公平，则 PT 应该大于 0。在新税法下，为进一步考察基本扣除和专项附加扣除的机会公平效应，进一步分解得到：

$$PT = (G_{X-D1} - G_X) + (G_{X-D} - G_{X-D1}) \qquad (2-11)$$

其中，等式右边的两部分分别代表了基本扣除和专项附加扣除的机会公平效应。

第三节 个税改革的公平效应：测度结果

一 收入再分配效应的测度结果

根据式（2-1）、式（2-2）、式（2-3）的计算方法，表 2-1 从个体层面和家庭层面分别列示了新个人所得税的收入再分配效应。

1. 收入再分配效应的测度结果：个体层面

无论是在旧个人所得税制度下（简称"旧个税"）还是在新个人所得税制度（简称"新个税"）下，对综合所得和经营所得征收个人所得税确实显著降低了基尼系数，就业人员的收入分配差距在税后明显降低，但新个税下收入差距的下降幅度相对小一些。从数

据来看，新旧个税的税前基尼系数均为 0.47215，旧个税的税后基尼系数为 0.44131，新个税的税后基尼系数为 0.45611；旧个税的 MT 指数为 0.03084，新个税的 MT 指数为 0.01605，个税改革后的收入再分配效应有所减弱。

从 MT 指数的分解来看，个税的纵向公平效应占据绝对主导地位。新个税下纵向公平效应下降幅度很大，导致其收入再分配效应减弱非常明显。由式（2-3）可知，纵向公平效应 VERT 取决于平均税率 t 和个税累进性 K，VERT 是 t 和 K 的增函数。从数据来看，个税改革后的个人所得税累进性有所提高，K 指数从 0.40508 上升到 0.46930，高收入者承担了更多的税负。尽管新个税的累进性有所上升，但个税改革后平均税率的下降幅度更大，从之前的 7% 下降至 3%。由此可见，纵向公平效应的下降是由于平均税率 t 降幅过大所致。

表 2-1 个人所得税再分配效应测算结果

指标	个体层面		家庭层面	
	旧个税	新个税	旧个税	新个税
税前基尼系数（GX）	0.47215	0.47215	0.47978	0.47978
税后基尼系数（GY）	0.44131	0.45611	0.46505	0.47144
MT 指数（MT）	0.03084	0.01605	0.01473	0.00834
其中：横向公平（$HORI$）	−0.00039	−0.00007	−0.00049	−0.00010
纵向公平（$VERT$）	0.03123	0.01612	0.01522	0.00844
税收集中率（CT）	0.87723	0.94146	0.82576	0.90336
平均税率（t）	0.07157	0.03320	0.04213	0.01954
K 指数（K）	0.40508	0.46930	0.34598	0.42358

2. 收入再分配效应的测度结果：家庭层面

从家庭层面来看，各指标的基本变化情况与个体层面的基本一致。其差异主要表现为：第一，个体层面的个税累进性高于家庭层面的累进性。在旧个税方面，个体层面的 MT 指数为 0.03084，家庭层面的 MT 指数为 0.01473；新个税方面，个体层面的 MT 指数为 0.01605，家庭层面的 MT 指数为 0.00834；无论是旧个税还是新个税，家庭层面的累进性都低一些。个体层面累进性较高的原因在于部分家庭成员没有收入，或者说家庭成员间的收入不均等，通过平均化后的家庭层面的税负累进性肯定低于个体层面的累进性。第二，个体层面的平均税率高于家庭层面的平均税率。旧个税方面，个体层面的平均税率为 0.07157，家庭层面的平均税率为 0.04213；新个税方面，个体层面的平均税率为 0.03320，家庭层面的平均税率为 0.01954；无论是旧个税还是新个税，家庭层面的平均税率都低一些。家庭层面平均税率较低的原因在于家庭的税前收入和应纳税额需要平均到每一位家庭成员，且每个家庭的收入不只包括综合所得和经营所得。第三，个体层面的收入再分配效应高于家庭层面的收入再分配效应。考虑到收入再分配效应主要是由平均税率的下降所决定的，而家庭层面的平均税率更低，导致家庭层面个人所得税的收入再分配效应弱化更明显。其实，这也在一定程度上表明中国以个体为单位的征收模式不利于家庭收入分配差距的缩小。

事实上，中国居民的保障是以家庭为单位的，对个体收入的再分配必须回到家庭层面上去。由此可见，启动以家庭为单位的征收模式对于提高个人所得税的收入再分配效应是非常必要的。

二 收入再分配效应的分解结果

1. 个税累进性的分解结果

为进一步分析税制结构对个税累进性的影响,我们按照式(2-4)、式(2-6)、式(2-8)的计算方法分别对个体层面和家庭层面在旧个税和新个税下的个税累进性(K)进行分解,分解结果见表 2-2。从个体层面分解结果来看:第一,个税改革后税率结构的累进效应明显下降。超额累进税制的设计反映出了个人所得税的累进性,即应纳税所得越高,适用的税率级次越高。但个税改革后大部分应纳税所得集中在低税率档次,税收集中率下降,由税率结构体现的个人所得税累进性有所弱化。从测算结果来看,税率结构的累进效应从个税改革前的 0.16686 下降为个税改革后的 0.04208,对个人所得税整体累进性的贡献微不足道。

表 2-2　　　　　　　　　　个税累进性的分解

指标	个体层面		家庭层面	
	旧个税	新个税	旧个税	新个税
税率结构效应	0.16686	0.04208	0.17801	0.05232
基本扣除效应	0.23822	0.48073	0.17867	0.43324
专项附加扣除效应	—	−0.05350	—	−0.03379
未计税收入效应	—	—	−0.01071	−0.02819
总效应(K)	0.40508	0.46928	0.34598	0.42358

第二,基本扣除对个税累进性的贡献最大。如果基本扣除固定不变,那么基本扣除占税前收入的比重随税前收入的上升而下降,或者说应纳税所得占税前收入的比重将随税前收入的上升而上升,

即呈现出一定的累进性。个税改革后基本扣除的调高强化了上述效应，从个税改革前的 0.23822 上升为个税改革后的 0.48073，成为个人所得税累进性增强的主要原因。

第三，专项附加扣除对个人所得税累进性的影响较弱，且符号为负。在对费用扣除进行拆分时，先将费用扣除额匹配到基本扣除，超过基本扣除 6 万元的部分才匹配到专项附加扣除，因此年收入超过 6 万元的个体才有资格享受专项附加扣除，这使得专项附加扣除占税前收入的比重随着税前收入的增加呈现上升的趋势，从而专项附加扣除效应呈现出了较弱的累退性。

从家庭层面来看，旧个税下税率结构和基本扣除对个人所得税累进性的贡献大致相当；但在新个税下，税率结构的效应急剧下降，基本扣除效应大幅度提高，最终使得个人所得税的累进性有所增强。家庭层面上的未计税收入效应也呈现出一定的累退性，并且个税改革在一定程度上强化了其累退性。

2. 个税纵向公平效应的分解结果

在对个税累进性进行分解的基础上，分解后的每一部分乘以相应的 $\frac{t}{1-t}$，即可得到对个人所得税纵向公平效应的分解结果。按照式（2-5）、式（2-7）、式（2-9）的计算方法分别对个人所得税纵向公平效应进行分解，结果见表 2-3。

第一，无论是在个体层面还是在家庭层面，税率结构的变化都弱化了个人所得税的纵向公平效应。税率结构再分配效应的弱化来源于两部分，一是税率结构累进性效应的下降，二是个税平均税率的下降。在两者共同作用下，税率结构的收入再分配效应下降非常明显：在个体层面，由 0.01286 下降至 0.00144；在家庭层面，由 0.00783 下降至 0.00104。尽管下降幅度明显，但绝对值却非常低。

表 2-3　　　　　　　　个人所得税纵向公平效应的分解

指标	个体层面		家庭层面	
	旧个税	新个税	旧个税	新个税
税率结构效应	0.01286	0.00144	0.00783	0.00104
基本扣除效应	0.01836	0.01651	0.00786	0.00864
专项附加扣除效应	—	−0.00184	—	−0.00067
未计税收入效应	—	—	−0.00047	−0.00056
总效应（VERT）	0.03123	0.01611	0.01522	0.00844

第二，基本扣除的纵向公平效应也呈弱化趋势。与税率结构的变化相似，基本扣除效应的变化也是累进性与平均税率共同作用的结果。其中，基本扣除累进性效应的上升强化了收入再分配效应，而平均税率的降低弱化了其收入再分配效应。从个体层面来看，个税改革后基本扣除的纵向公平效应有所下滑；而从家庭层面来看，基本扣除的纵向公平效应则略微有所增强。

第三，专项附加扣除以及未计税收入效应的累退性在一定程度上减弱了个人所得税的收入再分配作用。不过，这两部分的效应数值很小，对收入再分配的影响非常有限。

三　机会公平效应的测度结果

上述分析指出，此次个税改革弱化了个人所得税的收入再分配效应。从这个意义上讲，个人所得税关于税后机会不公的矫正效应有所弱化。那么，个人所得税对税前机会公平的效应又如何呢？表 2-4 依据式（2-10）和式（2-11）汇报了机会公平效应结果。

表 2-4　　个人所得税的机会公平效应

指标	旧个税	新个税	新个税（只考虑年收入超过6万元的个体）
税前基尼系数（GX）	0.47215	0.47215	0.30824
应税所得基尼系数（$GX-D$）	0.71667	0.91331	0.61727
机会公平效应（PT）	0.24452	0.44116	0.30903
其中：基本扣除效应	—	0.42036	0.26497
专项附加扣除效应	—	0.0208	0.04406

由表 2-4 可知，无论是在旧个税下还是在新个税下，应税所得基尼系数都远高于税前基尼系数，即经费用扣除后，应税所得的差异性明显拉大，个人所得税维护机会公平的效应较为明显。在旧个税下，这一效应完全由基本扣除所致。虽然收入未达到免征额的纳税人实际享受到的基本扣除较低，却彻底免除了个人所得税缴纳义务，其应纳税所得为0。对于较高收入者，扣除免征额后，其纳税义务虽有所减少，但应纳税所得仍然为正，是纳税义务的实际承担者。在旧个税下，正是通过这样的方式体现了个人所得税对机会公平的观照。但遗憾的是，基本扣除标准对于所有潜在纳税人都一样，无法体现差异性个体的不同需求。

在新个税下，基本扣除额的提高和专项附加扣除的引入则进一步强化了应纳税所得分布的差异性，应纳税所得的基尼系数达到0.91331 的高水平。进一步分解可知，基本扣除的提高贡献了机会公平的绝大部分。虽然数值很小，但专项附加扣除对机会公平的维护也有着积极的作用。实际上，相对于基本扣除来说，在维持机会平等方面，专项附加扣除更可取，因为只有专项附加扣除真正考虑了不同人面临的不同境况，而过高的基本扣除却有可能导致对高收入者机会公平的过度维护。在表 2-4 最后一列，为让有养老、教育、住房等基本需求的个体可享受一定的专项附加扣除，我们剔除了年收入不足6万元的个体，结果显示专项附加扣除的机会公平效应有明显的改善。另外，值得注意的是，上文的分析指出专项附加扣除减弱了个人所得税的收入再分配作用，这就体现了机会公平和结果公平的矛盾。

四 结论性分析

首先，2018年个税改革使个人所得税的累进性有所增强，高收入家庭承担了更大份额的个人所得税负担，低收入家庭对个人所得税总收入的贡献进一步降低。从分解的结果来看，个人所得税累进性的增加主要源于基本扣除的提高，从而使基本扣除效应引致的个人所得税累进性大幅增加。另外，税率结构效应引致的个税累进性明显下降。综合来看，个税改革后个人所得税的累进性有所增强。

其次，2018年个税改革使个人所得税收入再分配效应有所弱化。从分解的结果来看，个人所得税收入再分配效应的弱化主要源于税率结构累进性的下降以及平均税率的降低。无论是对于个人所得税的累进性还是对于收入再分配效应，专项附加扣除所起到的作用都比较有限，且呈现逆向调节。

最后，2018年个税改革强化了个人所得税对机会公平的维护。这主要体现为基本扣除额的提高和专项附加扣除的引入。其中基本扣除起到绝对主导作用，而专项附加扣除虽然数值较小，但很好地观照了个体间可行能力的差异。

之所以出现个税改革对收入再分配效应的弱化，从根本上说是由于在现阶段的个税制度安排下，平均税率的高低比税收累进性的强弱对调节收入再分配发挥着更为重要的作用。而基本扣除的提高是一把"双刃剑"，一方面提高了高收入者承担的税负比重，另一方面降低了所有纳税人的平均税率。尤其是在新个税下，基本扣除的重要性进一步得到凸显。而且2018年个税改革进一步扩宽了综合所得低税率的级距，导致个人所得税平均税率的下降更为显著。事实上，Avram[①]以微观模拟的方法对德国、法国等欧洲六个国家个人所得税再分配效应的研究发现，个人所得税的费用扣除使中高收入群体受益更为明显，对收入的再分配效应则比较微弱。与发达国家相比，发展中国家个人所得税结构较为单一，普遍设置了较高的基本扣除额，基本扣除成为费用扣除的主体，个人所得税的收入再分配效应较为有限。[②]

除结果公平外，机会公平是公平的另一个重要维度。合理的费用扣除对于维护个体间的机会公平是非常必要的。从这个意义上说，新一轮税改充分考虑了个体的基本生活诉求，免征额的提高和专项附加扣除的引入避免了税收对个人可行能力的剥削，个人所得税对机会公平的维护力度进一步强化。但遗憾的是，由于较高的基本扣除额挤压了专项附加扣除的空间，专项附加扣除的效应很弱。另外，专项附加扣除对机会公平和结果公平的调节出现矛盾。究其原因，一方面是较高的基本扣除使得专项附加扣除更有利于高收入者，引发专项附加扣除收入再分配的逆向调节效应；另一方面，专项附加扣除的设置并不依赖于纳税人的收入水平，收入较高但是面临养老等支出的个体可能享受更高的费用扣除，应纳税所得反而会低于收入较低者。在这种情况下，对机会公平的维护并不必然导致结果的公平。因此，仅就结果公平对专项附加扣除进行考察，就低估了专项附加扣除的公平效应。

---

① Avram S., "Who Benefits From the 'Hidden Welfare State'? The Distributional Effects of Personal Income Tax Expenditure in Six Countries", *Journal of European Social Policy*, 2018, 28(3): 271-293.

② Bird R. M., Zolt E. M., "The Limited Role of the Personal Income Tax in Developing Countries", *Journal of Asian Economics*, 2005, 16(6): 928-946.

第三章　个税改革与经济治理转型：平台经济税收治理

第一节　问题的提出

数字经济是伴随信息技术高度发展而形成的新型经济形态。以平台经济为主要代表形式的数字经济已成为促进经济高质量增长的新动力。平台经济基于数字技术和商业模式创新，很大程度上改变了传统的贸易模式和协作分工方式，带来了经济结构的整体变革，对传统的税收理论和实践，以及现有税收体系提出了全新挑战。特别是随着平台从业人员规模的不断扩大，平台经济对个人所得税治理提出了新的挑战，要求对个税改革及其征管做出调整和优化。学界对平台经济个税治理的相关文献主要分为三个方面：

一是对电子商务税收的研究。比如，李海芹[①]认为，C2C 模式电子商务征税有法可依，但税收监管难度大、成本高，现行税收体系无法实现有效征税。李恒等[②]分析了美国电子商务相关税收政策和做法，建立了征缴税收博弈模型。谢波峰[③]指出，中国当前电子商务税收政策并非"真空"，征税对经济影响中长期有利。汪旭晖

[①] 李海芹：《C2C 模式电子商务税收问题探析》，《企业经济》2012 年第 4 期。
[②] 李恒、吴维库、朱倩：《美国电子商务税收政策及博弈行为对我国的启示》，《税务研究》2014 年第 2 期。
[③] 谢波峰：《对当前我国电子商务税收政策若干问题的看法》，《财贸经济》2014 年第 11 期。

和张其林[①]指出，平台型网络市场的税务征管应由政府单维征管模式向"平台—政府"双元征管模式转变。叶韧[②]揭示了B2C、B2B、C2C、B2T、O2O等电子商务模式的涉税要点及纳税筹划。蔡昌[③]根据对增值税和个人所得税流失额的测算，提出了电商税收流失的治理对策。

二是对平台经济税收治理的研究。比如，阿里研究院和德勤咨询[④]指出，平台经济对各项税制要素产生全面影响，撬动以上游供应链为主的巨大税源。陈宇和李锐[⑤]对共享经济不同商业模式下的税收问题进行分析，并对资源供给方、分享经济平台、第三方平台进行了税制要素设计，并希望通过落实电子发票制度、制定税收优惠政策、涵养培育优质税源、加强纳税服务等措施完善分享经济税收制度。王远伟[⑥]认为，共享经济的发展导致税源结构变化，税务机关应加快将网络空间纳入税收管辖权的研究与实践，从税法解释、税收管理、征税技术等层面加强对共享经济税收的全面掌控，防范税收流失。孟逸凡[⑦]认为，共享经济中纳税主体的不确定、交易的无纸化给税收征管带来巨大挑战，应建立共享经济税收法律体系，强化税务登记，加强部门配合，建立统一的信息平台，从而使共享经济下中国税收制度更加完善细致。王玉[⑧]认为，平台经济的发展考验着传

---

① 汪旭晖、张其林：《平台型网络市场"平台—政府"双元管理范式研究——基于阿里巴巴集团的案例分析》，《中国工业经济》2015年第3期。
② 叶韧：《互联网+电商网商涉税要点精解》，北京联合出版公司2015年版。
③ 蔡昌：《电商税收流失测算与治理研究》，《会计之友》2017年第8期。
④ 阿里研究院&德勤咨询：《平台经济协同治理三大议题》，2017年10月。
⑤ 陈宇、李锐：《我国分享经济税收问题研究》，《中央财经大学学报》2017年第8期。
⑥ 王远伟：《对共享经济的涉税问题探究》，《税务研究》2018年第6期。
⑦ 孟逸凡：《共享经济下我国税收问题研究》，《西安航空学院学报》2018年第4期。
⑧ 王玉：《挑战与突破：平台经济下政府税收监管机制创新研究》，《探求》2019年第2期。

统的税务关系、税政服务、税治管理以及税务标准；税务部门要充分利用大数据的信息优势，以调低税率为着力点，充分发挥平台在代征代管方面的作用，创新税收机制改革新思路。周克清和李霞[1]指出，平台经济基于数字技术和商业模式创新，对传统的税收理论和实践以及现有税收体系提出了全新挑战；主张加快建立平台经济法律体系，加快推进税收制度创新，加快构建税收征管新模式，从而适应平台经济下的税收治理体系创新。

蔡昌、马燕妮和刘万敏[2]发现，平台经济数字化、虚拟化和多边化的特点对税制改革与税收监管体系等提出了新挑战，主张健全平台经济税制体系，提高税收征管水平，解决税收与税源背离问题。周文和韩文龙[3]认为，平台经济面临国际资本垄断数字技术的发展瓶颈，以及国际数字税挑战新问题；在新发展格局下，中国需要积极治理数字技术垄断问题，主动应对数字税新挑战。郑洁和程可[4]认为，应明确平台经济各参与方的相关义务，利用区块链技术构建税收信息平台，实现"以数治税"；借鉴消费地原则，解决税收管辖权在地区间的分配问题，充分落实各项税收优惠政策，保持平台经济活跃性，支持推动平台经济健康发展。崔志坤、李菁菁和杜浩[5]发现，平台经济的税收管理存在相关法律法规未细化、业务脱离税务机关监管及真实性难以鉴别、税源与税收收入背离等问题；要求完善现有的相关法律或制度规定，采用新技术加强对平台经济的监

---

[1] 周克清、李霞：《平台经济下的税收治理体系创新》，《税务研究》2018年第12期。
[2] 蔡昌、马燕妮、刘万敏：《平台经济的税收治理难点与治理方略》，《财会月刊》2020年第21期。
[3] 周文、韩文龙：《平台经济发展再审视：垄断与数字税新挑战》，《中国社会科学》2021年第3期。
[4] 郑洁、程可：《规范和激励：平台经济税收征管研究》，《税务研究》2021年第8期。
[5] 崔志坤、李菁菁、杜浩：《平台经济税收管理问题：认识、挑战及应对》，《税务研究》2021年第10期。

管，以简化便捷的理念完善相关管理制度，完善平台经济税收管理。宋永生[①]认为，税务机关应秉持审慎包容监管原则，强化税收政策引导，赋予平台经济经营主体合法纳税主体地位，找准平台经济税收管理难点，主动发挥税收职能作用，助力平台经济规范健康持续发展。

三是对平台经济下个人所得税治理的研究。比如，孙正、杨素和霍富迎[②]认为，应该搭建完善的自然人税收治理体系、平衡地区间税收利益、把握税收立法规划、强化互联网零工平台税收协同义务，前瞻性构建税收治理框架，为互联网零工经济的可持续发展创造稳定的税收治理环境。孙正、霍富迎和岳文浩[③]分析了平台企业零工经济面临的税收问题，认为平台企业零工经济在税收治理方面存在纳税主体认定困难、所得性质认定模糊、征纳信息不对称等诸多挑战，要求从税制建设、征管流程、协同治税、信用管理等方面提升平台企业零工经济的税收治理生态。刘军、戴建宏和林元权[④]研究了平台经济自由职业者的税收问题，要求共享平台要服务好自由职业者，并与政府部门进行有效合作，有效化解税务风险；政府要将自由职业者纳入普惠性税收减免政策受惠范围，完善自然人税务一体化服务与监控平台，包容审慎监管以支持税务代征平台发展。

总体来讲，现有文献分析了平台经济对税收治理的影响及挑战，要求完善相关税收制度及征管措施，实现税收治理转型，但现有文

---

① 宋永生：《平台经济税收管理问题研究》，《税务研究》2021年第12期。
② 孙正、杨素、霍富迎：《互联网零工经济的税收治理：理论、逻辑与前瞻》，《财政研究》2022年第2期。
③ 孙正、霍富迎、岳文浩：《平台企业零工经济的税收治理》，《税收经济研究》2022年第3期。
④ 刘军、戴建宏、林元权：《平台经济视角下的自由职业者税收问题研究》，《集美大学学报》（哲学社会科学版）2021年第4期。

献对平台经济发展对个税治理转型的研究还相对不足，尚未较好地分析平台经济发展与个税治理的双向互动，即平台经济发展对个税治理的挑战及个税治理如何推动平台经济发展。

第二节　平台经济及其对个税治理的影响

一　平台经济：国民经济最活跃的新动能

随着互联网科技的不断攻城略地，以平台经济或共享经济为代表的数字经济已经形成新型经济形态，成为社会经济发展中不可或缺的重要组成部分。[①] 2018年《政府工作报告》中提到，发展平台经济、共享经济，形成线上线下结合、产学研用协同、大中小企业融合的创新创业格局。[②] 2019年7月17日，国务院常务会议指出，互联网平台经济是生产力新的组织方式，是经济发展新动能，对优化资源配置、促进跨界融通发展和"双创"、推动产业升级、拓展消费市场尤其是增加就业，都有重要作用。[③] 2023年7月12日，国务院总理李强召开平台企业座谈会时指出，平台经济在时代发展大潮中应运而生，为扩大需求提供了新空间，为创新发展提供了新引擎，为就业创业提供了新渠道，为公共服务提供了新支撑，在发展全局中的地位和作用日益凸显。[④]

2018年《政府工作报告》首次提到"平台经济"，强调发展平台经济、共享经济，形成线上线下结合、产学研用协同、大中小企业融合的创新创业格局。随着移动互联网的快速普及，平台经济的概念已经越来越多地被提及和讨论。究竟什么样的产业组织模式才

---

① 考虑到平台经济与共享经济的交叉性，本书不特定区分平台经济与共享经济的差异。
② http://www.gov.cn/zhuanti/2018lh/2018zfgzbg.htm。
③ http://www.gov.cn/premier/2019-07/17/content_5410654.htm。
④ http://www.ce.cn/xwzx/gnsz/szyw/202307/12/t20230712_38629111.shtml。

是"平台经济"呢？贺宏朝首次提出"平台经济"的概念，认为平台经济是参与方组成的一个新的竞争系统，平台参与方通过合作可以均衡地享有新系统的增值利益①。国内外近年来多从互联网经济视角研究和定义平台经济，强调"平台"采用交叉补贴策略，对平台交易双方或多方施加不同的价格策略并对其产生不同影响。一般认为，平台经济是一种新型的经济生态系统，它基于大数据、云计算、人工智能等现代信息技术，以平台为媒介实现双方或多方用户之间的信息交换、需求匹配、资金收付、货物交收，促进原有产业的价值链重构，提高生产要素整合和资源配置效率。海量的消费者和商家是平台经济体的主体，具有依赖用户的高度参与、供求双方的信息精确匹配、双边网络外部性及大规模跨界等特征。

由此可见，平台经济是指基于互联网、云计算和大数据等一系列数字技术驱动的平台型新兴经济业态。根据平台的种类，可以将平台经济分为电商类、搜索类、社交类、互联网金融类和共享类等运行模式。在平台经济中，网络平台、消费者和商品服务提供者共同构成了网状协作。海量的消费者和商家是平台经济的主体，通过平台完成信息交换、需求匹配、资金收付、货物交收和服务提供等经济活动。在众多平台中，有的买卖商品，有的兜售服务，有的提供社交网络。就平台经济的盈利模式来看，主要有三种：一是参与经营型，即平台运营方兼服务的供应商或商品的销售方，通过向消费者（部分生产者）提供服务或销售商品，赚取相应的利润，比如曹操专车等。二是中间服务型，即平台运营方只为交易双方提供媒介，或者说提供撮合交易服务，并赚取相应的服务费，比如滴滴出行等。三是混合型，即上述两种模式兼而有之的平台。比如，京东

---

① 贺宏朝：《"平台经济"下的博弈》，《企业研究》2004 年第 12 期。

商城不仅自己向消费者销售商品，即表现为自营服务；而且为部分商家提供交易平台，由这些商家在平台销售商品或提供服务。

平台经济依托互联网平台凝聚资源，其中"平台"作为连接多方供需行为的核心枢纽，将传统冗长的线性产业价值链改变为围绕平台的环形产业价值生态圈，实现供方和需方的高效匹配。平台经济模式已经渗透到生活的各个领域，比如常见的亚马逊、淘宝等电商类平台，脸书、微信等社交类平台，Uber、滴滴打车等网络出行平台，Google、百度等搜索类平台，搜狐、新浪等门户类平台，余额宝、人人贷等互联网金融类平台。

二 平台经济对税收治理提出新需求

平台经济崛起带来数字化信息的快速流动与大规模社会化协作，对传统税收制度提出了全新的要求，也将重塑税收文化和理念。税收体系能否适应新兴经济业态的发展需求，将成为影响新业态和新经济发展的重要因素。

1. "碎片化"交易要求税收制度更加扁平化

在互联网平台经济模式中，经济主体由传统的企业或实体组织转向个人，且个人既可作为产品和服务提供方也可成为消费者、需求方，纳税主体更趋于小型、灵活和碎片化。以个人为交易主体的业务模式，促使批量化的流水线和大额交易被大量分散化、高频次、小额度交易所替代，征税对象转向未进行过税务登记的个人纳税主体，导致现行"以票控税"制度失灵。那么，怎样的税收体系才能适应新经济模式发展需求呢？这就要求税收制度更加扁平化，更加简洁、高效，适应平台经济海量、高频次的商业交易与创新的需求，降低创新的制度成本，促使税制更加趋于中性，尽可能不影响平台经济效率。在对个人卖家、企业卖家、平台企业进行差异化征税的基础上，探讨促进经济效率的征税税率、税收优惠和缴费方式。

从税收公平原则出发，互联网平台经济一直适用现有税法，并没有所谓的免税待遇，只是在对C2C个人网店征税的实际操作上存在障碍。在电商B2B、B2C、O2O模式下，经营主体无论是平台还是卖家，在法律上都以企业的形式出现，工商、税务登记和实体店的经营主体没有区别，对其征税如实体经济一样进行即可。从目前税法实践来看，大部分C2C个人网店都不在征税范围内。《关于延续小微企业增值税政策的通知》（财税〔2017〕76号）提到2018年至2020年，月销售额不超过3万的小规模纳税人，免征增值税，故而淘宝平台上绝大部分C类卖家不在征税范围内。但是，即便符合税收起征点的C类卖家，由于大多没有进行工商税务注册，没有固定的物理交易场所，买方、卖方、平台企业等都可能处在不同地域，使得税务机关无法确认纳税人的经营地或纳税行为发生地，传统的以票控税模式对其难以适用。如果税务机关按照常规模式向大量分散的个人纳税主体征收相对于中间商少得多的税款，会使得征税成本过大，税收征管效率较低。

2. 新型交易结构要求将涉税要素纳入税收法定轨道

平台经济在现有的税制框架下，纳税主体、课税对象和税率三大核心要素都难以精准确定，加大了税收征管难度。平台经济的参与主体尤其是个人经营者，只是按照运营平台要求办理简单手续，没有进行工商、税务登记，加上交易双方可以隐匿真实姓名、身份和地址，导致无法明确纳税主体。中国税法尚未对平台经济相关征税对象和税率做出明确规定，二者均存在很大不确定性，导致不同纳税人的税负差异较大。平台经济作为互联网时代新的税收增长点，需要更为动态、弹性、包容的税收制度和征管方式，加快构建和完善平台经济税收法律体系迫在眉睫。

举例来说,滴滴出行是涵盖出租车、专车、快车、顺风车、代驾及大巴等在内的一站式出行平台,是共享平台经济的典型代表之一。在平台运营中,以自有车辆做兼职专车司机比例占八成左右,对司机所得归属于个人所得税的具体项目缺乏明确规定。互联网专车服务与传统交通运输服务一样,是以运载乘客为目的,征税对象应当界定为交通运输服务还是有形动产租赁和司机驾驶劳务,有待进一步明确。同时,共享运营平台提供的是交通运输服务还是现代服务尚未明确规定,对征税时采取何种税率缺乏相应依据,导致平台课税对象及税率存在不确定性。因此,应加快出台促进平台经济在内的数字经济发展的税收法案,明确交易的各项税制要素,将平台经济涉及的税制要素尽早纳入税收法定的轨道。

3."互联网+大数据"要求税收征管高度重视"数据管税"

在"互联网+大数据"推动作用下,新兴经济业态模式使课税对象、纳税主体等发生重大变化,传统税收征管模式显示出滞后性和不适应。平台经济具有虚拟性、分散性、跨区域性、交易数据秘密性、交易标的不明确性等特征,导致传统的"以票控税"被"云海战术"所取代,只有掌握大数据信息,才能强化税源管控。同时,随着大数据技术的加快应用,作为平台经济运营枢纽和连接器的平台企业,掌握了通过平台交易的所有物流、商流、资金流、信息流等数据信息,税务部门能否与其开展有效合作,对实施"数据管税",提高纳税遵从度具有重要作用。为此,亟须推动税收征管更加柔性和弹性,构建"政府+平台"双边征税模式,由平台及时收集并上报交易主体的税务信息或身份信息,同时对个人税收的征管赋予平台代扣代缴的义务和责任。

三 平台经济对个人所得税收治理的影响

1. 平台经济个人所得的性质厘定不清

要对平台上的行为主体征税，首先必须厘定其所得的性质。平台经济的个人所得主要涉及平台上非企业性质的经济主体活动产生的个人所得。比如，滴滴出行上的司机通过接单为消费者（乘客）提供驾乘服务；外卖小哥通过在美团等平台上接单提供送餐服务；设计人员通过猪八戒网或淘宝网接受订单提供文案设计服务；翻译人员通过相关平台接单提供翻译服务等。他们从事相关活动获得的收入应当归入哪种性质的所得呢？按照惯性的逻辑，他们的上述收入应当归入劳务报酬。但是部分司机与平台公司（如曹操专车）签订了劳务合同，实际上是平台公司的员工，其收入应当归入工资薪金。即使不是平台公司的员工，但部分司机实际上是专职滴滴司机（类似的平台公司很多，此处只是借用滴滴的名称）。如果说外卖小哥（骑手）可以借助电瓶车送外卖，但滴滴司机大部分需要自行购置价值不等的乘用车。换句话说，滴滴司机不仅利用自身劳动力提供服务获取收入，而且在一定程度上利用资产运营获取收入。将这种收入简单归入工资或劳务报酬显然也是不合适的。又如，部分房东将自有闲置房产放在 Airbnb 等相关平台上进行短租，其获得的收入显然不能简单说是劳务收入。从更深的层次上讲，服务提供者与平台及消费者（服务购买者）之间到底是什么法律关系，学界的认识还不够到位。实际上，只有明确了服务提供者在整个平台经济体系中的地位，以及服务提供者获得收入的性质，才能合理确定相关扣除项目及其标准，才能根据《中华人民共和国个人所得税法》进行有效征税。

2. 平台经济个人所得的税源监控困难

要对平台经济的个人所得征税，就必须对相关税源进行有效的监控，但现实是平台经济个人所得的监控非常困难。其原因主要有两个：一是中国平台经济的个体从业者群体庞大。中国新就业形态研究中心、首都经济贸易大学劳动经济学院于 2018 年 7 月发布的《新就业 高质量——中国新就业形态就业质量研究报告》指出，2017 年 6 月至 2018 年 6 月共有 3066 万人在滴滴平台获得收入，比上年同期增加 958 万人。① 根据国家信息中心发布的《中国共享经济发展报告（2021）》，2020 年中国有平台企业员工 631 万人，共享经济服务提供者约 8400 万人，较上一年增加 600 万人。② 平台经济涉及的领域众多，大部分领域的个体从业者都未进行税务登记，导致税务机关无法辨识纳税主体。二是平台经济个人所得的信息共享机制建设乏力。在平台经济时代，基于其灵活性、包容性等特征，个人职业角色多样化更为明显，个人可以多重身份参与社会分工，个人收入或收益显著增多。而中国信息共享机制建设乏力，加上平台经济交易虚拟化、碎片化，客观上造成了个人收入的隐秘性。另外个人可以在多个平台上提供相同或不同的服务或商品销售，从而获得更为复杂多元的收入。在个人所得信息共享机制尚不完善的情况下，税务部门无法准确获知每一个人的收入来源及其具体收入额度，也就无法对相关平台上的个人所得进行有效的税收征管。

3. 平台经济个人所得的税收征缴困难

长期以来，中国个人所得税 70% 的收入来源于工资薪金所得税，其重要原因在于个人所得税的征缴严重依赖于正规单位（体制内单位和大中型企业）对工资薪金所得税的代扣代缴。一旦失去了代扣代缴机制，中国个人所得税的征管将严重瘫痪。2005 年，中国

---

① http://it.people.com.cn/n1/2018/0712/c1009-30142195.html.
② https://cn.chinadaily.com.cn/a/202211/23/WS637d66dfa3109bd995a5180e.html.

建立了针对高收入者（应纳税所得额超过 12 万元）的自行申报制度①，但后续的运行保障机制非常乏力，以至于部分地区的税务机关根本不愿意纳税人自行申报。2018 年，中国个人所得税制度改革实施了个税自行申报制度，但主要对行政事业单位及国有企业或大型企业发挥了作用。对于非正规单位及平台企业从业人员而言，即使税务部门知道个人获得了相关收入，但仍然没有办法对其进行征收管理。换句话说，大多数情况下税务部门只能依靠代扣代缴进行个人所得税的征缴，对于个人取得所得没有申报的情况，税务部门还缺乏合理有效的方法进行处理。

4.平台经济个人所得的税收管辖权界定不明

税收管辖权是一切税收征管行为的基础，是税务机关税收征管的权力来源。无论是何种所得，要实现有效的征收，必须解决税收管辖权的问题。清晰界定到底由哪个税务机构来对平台经济的个人所得进行征税，这不仅关系到具体税务机构行使权力的正当性，而且是对平台经济个人所得征税的"最后一公里"。要做到这一点，就必须准确清晰地厘定所得的来源地。对于实体经济而言，其所得的来源地相对容易确定。常见的来源地包括经营地（行为地）、注册地、管理地等。但对于平台经济而言，作为平台经济参与者的个人，其所得的来源地又该如何认定呢？如果说在网络上提供设计或翻译服务的个人是在固定地点（办公室或家中）获得收入，那么外卖小哥提供服务则一直处于点与点之间的运动中。如果说外卖小哥的活动范围相对较小，那么滴滴司机提供服务则可能超出一个县区或一个城市。如果说其行为地不固定或不容易确定，那么可否采用行为人所在的平台注册地作为所得来源地呢？对于注册人群相对集中于

---

① 2005 年建立的自行申报制度内容很多，重点是要求高收入者进行自行申报。

某区域的平台而言，以注册地作为来源地或主管税务机关所在地是完全没有问题的。但是对于那些注册人群分散于全国各地的平台而言，如果仅仅以平台注册地作为主管税务机关所在地，则又回到了总部经济的税收管辖问题了。其实，这对注册地之外的各地也是不够公平的。这些行为人享受了所在地的公共服务，而相关税收却交给了平台注册地。进一步讲，如果这些行为人因为不纳税或少纳税而违反了税收法律的规定，平台注册地税务机关又如何对他们进行管理呢？这些平台经济的涉税问题对税收治理转型提出了新的挑战。

四 平台经济个人所得税收治理机制初探

1. 完善平台经济个人所得税申报制度

平台经济个人所得税征管困难的重要原因是个人纳税意识淡漠，申报制度不完善。因此，要加强平台经济个人所得的税收征管，必须从两个方面入手：

第一，必须加强税法宣传，提高普通民众的纳税意识。中华人民共和国成立以后，长期实行流转税为主、企业纳税为主的税收制度，并辅之以低工资制度，导致普通百姓的纳税意识比较淡漠。实际上，纳税是每一位公民的责任，不是说只有收入高才需要纳税。对于平台经济上的个人而言，如果获得所得而不交税，那么对于传统经济下获得收入的民众而言是不公平的。

第二，加大税收违法处罚力度。近年来中国不断加快个人所得税申报制度，但由于处罚力度小，覆盖面太窄，震慑力度不够，民众纳税意识有待进一步提高。2005年中国要求应纳税所得额超过12万元的居民自行申报纳税，但最后流于形式，其处罚措施不落实是非常重要的原因。因此，中国需要在现行税法框架下加大税收违法处罚力度，以提升民众的纳税意识。

2. 完善平台经济个人所得的认定及费用扣除制度

鉴于平台经济上注册个人众多、收入类型比较复杂、费用扣除较少的情况，有必要完善平台经济个人所得的认定及费用扣除制度。

第一，建立自主申报门槛制度。在共享经济时代，各国均鼓励个人将闲置资源分享给社会，一方面是出于集约利用社会资源的需要，有助于社会可持续发展；另一方面，则可以为分享方带来一定收入。对于零散的分享行为及其带来的收入，从鼓励的角度可以给予免税待遇；但对于较为频繁的分享行为及其带来的较多收入，则应当纳入征税范围。比如，不借助不动产或固定资产的分享行为，月收入超过3000元的需要进行自主申报；对于需要借助不动产或固定资产的分享行为，月收入超过5000元的需要进行自主申报。低于上述门槛，可将平台经济所得视为偶然所得，由税务当局给予免税待遇。

第二，合理确定分享所得的收入类型。根据平台经济下个人行为的差异，可以将其收入分别纳入个人所得税的九种应税收入。参照法国等国的做法，建立专职推定制度，即将单一从事或主要从事平台经济服务提供的个人收入推定为工资薪金所得；将兼职从事平台经济服务提供的个人收入界定为劳务报酬。将借助不动产或固定资产提供相关服务获取的收入界定为经营收入或租赁收入。比如，以自有乘用车为核心工具提供驾乘服务，其收入可以界定为经营收入，类似于个税改革前的个体工商户经营所得。以自有房屋为核心工具提供的短租服务，其收入可以界定为租赁收入；以所控制的房屋为核心工具提供的短租服务，其收入可以界定为经营收入，比如通过租赁他人房屋来提供短租服务。

第三，完善平台经济个人所得的费用扣除制度。2018年个税改革完善了个人所得的费用扣除制度，建立了包括基本扣除、专项扣除和专项附加扣除在内的多项费用扣除制度。对于平台经济下的各项个人所得，也需要比照相关所得进行费用扣除。比如，对于工资薪金型的平台经济所得，可以比照扣除6万元/年（或5000元/月）的基本费用；如果行为人比照自雇经济体缴纳养老保险和医疗保险，还可以进行相应的专项扣除；如果行为人能够准确提供子女教育、老人赡养等与专项附加扣除相关的家庭信息，也可以按照现有制度进行扣除。对于兼职性质获取的劳务报酬，在自主申报的基础上与其工资薪金所得共同纳入综合所得进行征收管理。对于平台经济下取得的经营所得，准许扣除相关成本、费用和损失。对于平台经济下取得的租赁所得，可以比照现有租赁所得的规定进行相关费用扣除。

3. 完善平台经济个人所得的税收管辖权制度

要对平台经济所得进行有效的税收征管，还必须解决税收管辖权的问题。换句话说，到底应由哪个地方的税务机关对平台经济下的个人所得进行征税？通常认为，税收征管必须符合公平原则与效率原则。所谓公平，就是说税收收入的取得要与其公共服务的提供匹配。如果某地为平台经济个人所得的获取提供了公共服务，那么则有权力获得一定的税收收入；反之，则没有权力获得税收收入。所谓效率，就是说税收征管要考虑成本效益，不能简单地追求公平而置成本于不顾。由此，可以考虑从三个方面完善平台经济个人所得的税收管辖权制度：

第一，对于固定资产或不动产租赁为核心业务获取的各项所得，可由固定资产所在地或不动产登记地税务机关进行税收管辖。比如Airbnb平台上短租业务获取的收入，可在短租地进行纳税申报。通过滴滴出行（或相似平台）提供驾乘服务获取的收入，可由乘用车注册地或注册人的居住地税务机关进行税收管辖。

第二，对于利用平台取得的其他各项所得，可由注册个人的居住地税务机关进行税收管辖。平台所在地税务机关可要求相关平台提供注册个人的业务活动及收入情况，并经由税务系统内部数据传输网络分享各地税务机关，从而使后者具有对辖区内居民进行税收征管的能力。

第三，建立平台代扣代缴与居住地汇算清缴相结合的税收管辖制度。考虑到居住地征管的现实能力，可由相关平台对注册个人的业务收入进行代扣代缴，并由注册个人在其居住地进行汇算清缴。当然，这也必须先解决平台代扣代缴相关税款的法律障碍。

另外，还需要完善平台及相关第三方机构涉税信息的报告和共享制度，相关内容可参见本章第四节。

第三节 平台经济信息不对称与个税纳税遵从

平台经济个人所得税遵从度低的最大原因在于税务机关与平台从业人员、第三方平台之间存在显著的信息不对称，由此导致税务机关难以掌握从业人员的主要涉税信息。从纳税人的角度看，既然税务机关都不知道每个纳税人从什么渠道获得了多少收入，那他们为什么要去报税呢？由此，必须消除或降低税务机关与平台从业人员及第三方平台之间的信息不对称，从而提升平台从业人员的纳税遵从度。

一 信息不对称对纳税遵从的影响：税务机关与平台从业人员

1. 税务机关与平台从业人员之间信息不对称的表现

平台从业人员是纳税信息的直接来源，但税务机关却很难完全获取其相关涉税信息，税务机关与平台从业人员之间存在明显的涉税信息不对称。

一是税务机关无法准确获知哪些人员在从事平台经济相关活动。平台经济降低了交易门槛，参与者的启动成本大大降低。个人只需要在网络平台注册登记个人基本信息，消费者便能通过平台匹配需求达成交易。低准入门槛是平台经济（共享经济）的重要特征，为社会成员提供了更多参与经济活动的机会，由此，个人所得税纳税主体数量剧增。比如，传统经济中，一辆汽车的后排座位无法作为交通运输的业务媒介，但平台经济的出现却显著降低了行业壁垒，这些行业能够使用更少的资源运行，服务供给者数量大大增加。由于缺少平台公司的配合，税务机关甚至都不知道哪些人员在平台公司提供的平台上从事经营活动。

二是税务机关无法准确获知平台从业人员开展了哪些业务活动。平台经济模糊了生产者与消费者的界限，双方交易不受地域限制，跨区域交易占比较高，交易时间灵活，所产生的涉税信息呈现出明显的分散性特征。税务机关对这些分散性的涉税信息仅有较低的识别能力。特别是部分服务提供者只是临时性的兼职而非全职工作，收入来源分散且额度较小。以美团外卖、饿了么等平台为例，兼职外卖员只需在 App 上注册登记个人信息就可以申请成为骑手，是否接单、接单数量都可以自由选择，人员流动性、收入灵活性高。税务机关很难准确地识别这些零散的经济活动，难以准确把握上述纳税人的涉税信息。

三是税务机关无法准确获知平台从业人员分别从哪些渠道取得了多少收入。传统个人所得税税收征管过程中，税务机关可以通过代扣代缴单位和纳税人个人银行账户等途径监管纳税人收入信息。但在平台经济中，纳税人可能同时在多个不同平台上取得收入，收入信息分散在各个平台中，税务机关很难完全准确地得到纳税人所有渠道的收入信息。比如，纳税人既可以在多个外卖类平台注册提供服务，也可以在多个出行类平台注册提供服务，还可以提供共享知识服务、共享住宿服务，等等。同时，互联网技术的进步促使电子支付方式迅速普及，收入来源更加复杂、隐匿，不再局限于现金、银行账户。显然，对于同时拥有多种收入渠道、多种收入形式的平台从业人员而言，税务机关想要准确地得到其所有收入信息是很困难的，信息不对称问题非常严重。

四是税务机关无法准确获知平台从业人员开展相关活动耗费了多少成本费用。尽管部分平台经济从业者只提供一般性劳务，其所谓的成本仅仅表现为时间成本，但部分从业者提供服务不仅需要花费一定的时间，而且需要借助相关资产设备。比如，滴滴司机需要借助自身购买的机动车辆，共享住宿提供者需要借助住房。滴滴司机的机动车辆不仅有折旧的成本费用问题，还包含车辆运行的成本费用问题（如油费和维修费）；共享住宿从业者也有房屋折旧和运维费用的问题。况且上述成本费用里可能还包含从业人员家庭私用的成分。这些成本费用信息具体是多少，基本上是从业者的私人信息，税务机关一般难以准确掌握。

2. 税务机关与平台从业人员的信息不对称对个税纳税遵从的影响

第一，税务机关与平台从业人员之间的信息不对称限制了税务机关的税源监控能力，从而影响了平台从业人员的纳税遵从选择。中国目前对个人所得税税源的监控主要依靠两种模式：一是行政事业单位和公司企业的代扣代缴，即由代扣代缴单位承担税源监控责任；二是纳税人自行申报，由纳税人自行承担税源监控责任。从个人所得税收入主要来源于工资薪金所得的角度看，中国由单位代扣代缴的征税模式非常成功，但个人所得税自行申报的征缴能力却非常薄弱。目前，平台经济的从业人员主要有两类：一是平台公司的员工（雇员），其收入通过平台公司的工资薪金报酬发放并代扣个人所得税及相关社会保险费用，其个人所得税征缴方法与传统经济体无异；二是平台公司的注册从业人员，他们在平台上注册并提供各种服务但不属于平台公司员工，其收入直接来源于其服务对象，平台公司不能对其代扣代缴相关税费（平台公司的管理费除外），而只能由从业人员自行申报缴纳个人所得税和社会保险费用等。对于后者，税务机关只能通过个人所得税申报表以及事后核查获取相关的纳税信息，对纳税人的真实涉税信息无法完全准确掌握。对平台从业人员而言，他们在明知税务机关不能掌握其涉税信息的情况下，通常不会主动申报其在各平台上获得的真实收入。

第二，税务机关与平台从业人员之间的信息不对称限制了税务机关事后稽查的成功率，削弱了对平台从业人员纳税不遵从的威慑能力。鉴于现有平台经济的注册从业人员个人所得税申报率较低，如果要对其进行征税，税务机关只能依靠纳税人有限的申报表及事后稽查来判断其纳税信息的真实性。税务机关囿于征管技术手段的限制，很难对数额零散、形式隐蔽的各项交易活动进行监管，税务稽查力度明显不足。换言之，税务机关既不知道有哪些人在从事平台经济相关活动，也不知道他们提供了哪些服务，更不知道这些人取得了哪些收入，在这种情况下税务机关的事后稽查难以奏效。平台从业人员基于自身经验及身边从业人员的实践，可以发现税务机关难以对其收入进行稽查，被税务机关查处的风险远低于传统经济下的个人所得税纳税人，由此导致的较低纳税遵从度自然就不难理解了。

第三，税务机关与平台从业人员之间的信息不对称降低了纳税人的不遵从成本，逆向激励了纳税人的不遵从选择。由于不能准确地掌握平台从业人员的涉税信息，税务机关既无法对其征税，又无法对其稽查，还不能对其有效查处，纳税人的不遵从成本相当低。在不遵从成本较低的条件下，平台从业人员通常会选择不申报。如果存在身边从业人员不申报的情况，纳税人不纳税的羞耻感就会明显降低，纳税意识更加淡化，不遵从的心理成本就越来越低，逆向激励了纳税人的不遵从选择；同时自行申报的纳税人就会产生较强的不公平心理，增加其遵从的心理成本。

另外，如果税务机关不能很好地界定纳税人的运营成本并给予标准化的扣除，平台从业人员在自行申报时会无所适从，从而不愿意去申报纳税。

二 信息不对称对纳税遵从的影响：税务机关与第三方平台

1. 税务机关与第三方平台之间信息不对称的表现

与传统经济中的代扣代缴单位相似，平台公司对于从业人员的涉税信息有相当程度的掌握。从中国平台公司的实际运作情况看，任何个人要在平台上提供服务或销售商品，都必须提供基础性的身份信息及银行账号并得到验证。根据《中华人民共和国个人所得税法》，"纳税人有中国公民身份号码的，以中国公民身份号码为纳税人识别号"。由此，平台公司实际上掌握了从业者的纳税人识别号。同时，任何从业者在平台上提供的服务都将被平台后台系统所记录，因而平台公司能够掌握其全部的业务内容。按照平台公司运营的基本规则，服务购买方支付的报酬需要先缴入由平台公司设立的专用账户，经结算扣除平台公司的管理费用后再支付给平台从业人员。因此，平台公司完全能够掌握从业人员的收入情况。然而，与平台公司相比，税务机关能够获取的平台从业人员涉税信息却相当有限。现实情况是，大部分第三方平台及相关支付软件并未将从业人员的涉税信息准确、及时地提交给税务机关，税务机关无法有效实现与平台公司的信息共享，信息不对称现象十分普遍。

税务机关与平台公司之间产生涉税信息不对称，其根源在于现有法律法规及相关制度尚未明确平台公司提供涉税信息的机制，缺乏强制性的措施保证平台公司及时准确地向税务机关提供相关涉税信息。《中华人民共和国电子商务法》第二十五条规定："有关主管部门依照法律、行政法规的规定要求电子商务经营者提供有关电子商务数据信息的，电子商务经营者应当提供。"《中华人民共和国税收征收管理法》第六条也对第三方涉税信息共享作了原则性规定。但现有法律法规并未明确规定第三方平台提供涉税信息的范围、方式和期限，也未规定如果第三方平台漏报少报或不及时上报应当承担怎样的法律责任。

2. 税务机关与第三方平台的信息不对称对个税纳税遵从的影响

在税务机关与平台公司之间信息不对称的情况下，如果平台公司拒绝向税务机关准确及时地提供从业人员的涉税信息，那么税务机关对平台从业人员个人所得税的征管将失去一个重要的抓手。作为税务机关与纳税人之间的重要桥梁，平台公司完全能够对从业人员的涉税行为进行有效的威慑，但平台公司没有向税务机关提供涉税信息，就不可避免地会降低税务机关对从业人员进行稽查和处罚的威慑力度，致使平台从业人员失去纳税遵从的意愿。

三 提高平台经济个税纳税遵从的路径选择

前文已述，平台经济个税纳税不遵从的主要原因在于税务机关与第三方平台及其从业人员之间存在明显的信息不对称。要提高平台经济从业人员个人所得税的纳税遵从度，就必须消除或减轻税务机关与第三方平台及其从业人员之间的信息不对称。

1.税务机关与平台从业人员之间信息不对称的消减机制

第一,加强个人所得税宣传教育,提高平台从业人员的纳税遵从意识。目前,平台公司从业人员纳税遵从度低的一个重要原因是纳税意识薄弱,缺乏对税法应有的尊重。为此,可以依托大数据、云计算等技术建立税法宣传平台,有效宣讲个人所得税的政策、税率及征缴流程,营造良好的个人所得税纳税遵从环境,培养纳税人依法申报缴纳个人所得税的意识。特别是要加强与平台公司的合作,通过多种形式组织平台从业人员学习个人所得税相关知识,从主观上减少纳税不遵从。

第二,建立个人所得税纳税诚信档案,提升纳税征信威慑力。重点是要求平台公司从业人员主动申报,将其自主申报的质量计入征信系统。一是与平台公司合作建立从业人员的个人所得税纳税信用记录,对自主申报质量较高的从业人员在同等条件下可优先派单,提高其收入水平;对拒不申报且经催告不改正的从业人员可以记入行业禁止黑名单,不允许其在相关平台提供相关服务。二是将平台公司从业人员的个人所得税纳税信用记录通报给全国征信系统,对拒不申报及缴纳的从业者进行征信管控,比如禁止贷款、限制高消费、限制购买住房等。

第三,提升纳税服务质量,降低纳税遵从成本。目前平台公司从业人员的纳税遵从成本较高,导致大部分人不愿意主动申报个人所得税。此外,还有两个原因:一是平台公司采取日结、周结或旬结等方式支付从业人员的收入,导致从业人员自身也不知道到底获得了多少收入,特别是如果在多个平台公司获取收入,或从多个银行或支付渠道获得收入,从业人员就更难准确把握其收入的准确数字。二是税务部门对个人所得税申报的处理比较复杂,致使个人所得税纳税人到营业大厅进行自主申报及补退税时需要走比较复杂的程序。为了降低平台从业人员的遵从成本，可要求从业人员在个人所得税 App 中确定与平台公司绑定的银行卡及支付渠道，在设定好专项扣除项目及专项附加扣除项目后，由个人所得税 App 自动计算其应纳个人所得税税款。个人所得税 App 自动计算出应缴税款后，可由从业人员在指定的银行卡及支付渠道存够足以缴纳税款的金额，由税务机关自动扣缴，从而避免从业人员需要单独到税务大厅报税。另外，税务机关也需要全方位提高纳税服务质量，无论是日常的纳税咨询与服务，还是税款缴纳与补退，都要注重提高纳税人的满意度。

2. 税务机关与第三方平台之间信息不对称的消减机制

2018 年《中华人民共和国个人所得税法》修订以来，税务机关大力提升了个人所得税的征管能力，但面对数千万甚至上亿计的个人所得税纳税人，现有征管能力依然捉襟见肘。为此，要大力加强税收共治机制建设，完善涉税信息共享制度，提升对第三方涉税信息的共享能力。对平台经济而言，要加强对从业人员的个人所得税征管并提高其纳税遵从度，就必须消除税务机关与第三方平台之间的信息不对称，真正实现涉税信息共享。主要是健全第三方平台共享从业人员涉税信息的相关法律法规，构建第三方平台共享从业人员涉税信息的激励约束机制，制定第三方平台共享从业人员涉税信息的具体标准。

第四节　第三方平台信息共享与个税纳税遵从

一　第三方平台信息共享对个税纳税遵从的影响机制

1. 第三方平台信息共享、税源监控与纳税遵从

税务机关对纳税人进行有效的监管，保证纳税人的纳税遵从，

必须从税源监控入手。换句话说，税务机关只有掌握了纳税人的相关涉税信息后，才能有效地管控纳税人的相关遵从行为[①]。对于纳税人的涉税信息，至少包括以下四个方面：一是到底有哪些纳税人，或者说必须搞明白哪些从业者是纳税人？二是这些从业者到底从事什么样的经济活动？是否属于减税免税的范畴？是否需要征税？三是从业者从事经济活动取得了多少收入？是什么形式的收入？是通过什么渠道获得收入的？四是取得上述收入的成本费用如何？

但在平台经济条件下，税务机关获取税源信息是有一定难度的，主要原因包括：

第一，相对宽松的平台注册登记导致纳税人众多且零散。目前在平台从事相关经济活动的纳税人主要有两种，一是自然人，以提供劳务或知识服务为主；二是个体工商户，以一定的资产为基础提供相关服务[②]。无论是哪种纳税人，其在平台注册登记的手续都相对简单宽松，准入门槛相对较低[③]。以美团外卖、饿了么等平台为例，外卖员只需在App上注册登记个人信息就可以申请成为骑手，是否接单、接单数量都可以自由选择，人员流动性高，交易分布范围广，交易连续性不强；网约车司机只需要在App上注册登记并提供相应的个人信息即可从事相关业务。由于准入门槛相对较低[④]，平台经济降低了相关经济活动的进入壁垒[⑤]，从而平台经济的税源比较零散。

[①] 王葛杨：《第三方信息在个人所得税征管中的应用初探》，《国际税收》2020年第3期。

[②] 在第三方平台上也有一定数量的公司开展相关业务，但这类纳税人不直接涉及个税缴纳，不是本书所讨论的个税纳税人。

[③] 王靖：《对零工经济有效征税的探讨》，《国际税收》2020年第9期。

[④] Cohen,M., Sundararajan, A., "Self-regulation and Innovation in the Peer-to-peer Sharing Economy", *University of Chicago Law Review Dialogue*, 2015(82): 116-133.

[⑤] Belk, R., "You are What You can Access: Sharing and Collaborative Consumption Online", *Journal of Business Research*, 2014(67): 1595-1600.

第二，依托数字化的平台服务导致相关经济活动难以识别。平台经济下，相关经济活动可能仅仅以数字化形式来呈现，难以被传统经济模式所统计或甄别；即使相关经济活动呈现半数字化状态，即以网络平台来分配相应的经济任务，但以线下服务的方式来实现交易，也可能导致税务机关难以获取相应的业务活动信息。相反，如果是传统的线下经济，由于受到传统税务登记等的规制，税务机关能够相对容易地对其进行识别；但在平台经济下，税务登记本来就比较模糊，如果第三方平台又不给予一定的信息共享，那么税务机关将难以有效识别平台相关经济活动。

第三，多样化的第三方支付方式使平台经济从业者的收入更难以被监控。早期的经济活动以现金交易为主，后来则主要通过银行资金流动来配合相关物资及服务的流动。伴随着现代金融反洗钱系统的发展，中国人民银行和银（保）监局（现改组为国家金融监督管理总局）逐步具备了对金融资金流动的跟踪追查能力。但随着第三方支付方式的不断兴起，平台经济交易活动大多以支付宝、微信等第三方支付来进行交易，平台从业者的收入来源渠道进一步多元化。[①] 如果某从业者有正式的工作（获取工资），又从（多个）平台经济活动中获得收入，且有其他收入渠道，那么税务机关要监控并准确掌握其收入来源及其规模，将会特别困难。如果还需要进一步核算从业者的成本，那么税源监控的难度就更加难以想象。

显然，如果税务机关不能掌握平台经济下的从业者税源情况，那么平台经济从业者的遵从度将不大可能有效提高。但如果第三方平台能够将其掌握的涉税信息与税务机关进行分享，则有助于提升税务机关对平台经济从业人员收入的监控能力。

---

① 傅靖：《基于数字化平台的零工经济税收管理》，《国际税收》2020 年第 9 期。

2. 第三方平台信息共享、遵从成本与纳税遵从

理性选择理论认为，个体通过比较预期成本和收益来做出平衡的决策。纳税人是否选择纳税遵从取决于他们对预期成本和收益进行主观计算的结果[①][②]。当遵从成本低于不遵从成本时，纳税人倾向于纳税遵从，反之则不遵从。因此，遵从成本是影响纳税人遵从行为的重要影响因素。Blaufus等[③]研究发现，个体经营者因个人所得税而支付的时间和金钱费用明显高于工薪群体。在平台经济中，第三方平台对涉税信息的共享，既可能提高从业者的遵从成本，也可能降低其遵从成本，从而影响其遵从行为。一般而言，纳税遵从的成本主要包括处罚成本、心理成本和时间成本三个部分。

第一，第三方平台信息共享、处罚成本与纳税遵从。税务机关的货币性惩罚（如罚款、滞纳金等）措施将会对纳税人的不遵从行为造成利益损失，成为不遵从的处罚成本。纳税人的处罚成本主要受制于两个因素，一是税务机关的稽查概率，二是税务机关的惩罚力度。Fischer等[④]的研究表明，提高稽查概率将有助于降低税收不遵从的现象。无论是稽查概率还是惩罚力度，都与税务机关掌握的信息有关。平台经济个税的征管，不管是自核自缴、查账征收还是税务稽查都必须以大量涉税数据为基础。一般而言，税务机关对纳税人的涉税信息掌握越多，其稽查越精准，处罚力度越精当。

---

① Becker, G., S., "Crime and Punishment: An Economic Approach", *Journal of Political Economy*, 1968(76): 169-217.

② Paternoster, R. and Simpson, S., "Sanction Threats and Appeals to Morality: Testing a Rational Choice Model of Corporate Crime", *Law and Society Review*, 1996(30): 549-583.

③ Blaufus, k., Eichfelder, S., Hundsdoerfer, J., "Income Tax Compliance Costs of Working Individuals", *Public Finance Review*, 2014, 42(6): 800-829.

④ Fischer, C. M, Wartick, M., & Mark, M. M., "Detection Probability and Taxpayer Compliance: A Review of the Literature", *Journal of Accounting Literature*, 1992(11): 1-46.

在缺乏充分纳税信息的情况下，税务机关面对数量众多、数额零散、形式隐蔽的个体纳税人，其税收征管和稽查力度明显不足；对纳税人的不遵从行为税务机关往往心有余而力不足，即使开展稽查活动，其甄别效率和稽查成功率也不高。相反，如果第三方平台能够给予涉税信息共享，将有助于税务机关提升对从业者税源信息的掌控力度，从而实现精准稽查和精当处罚；换句话说，第三方平台信息共享将提高从业者的处罚成本，降低其纳税不遵从行为。

第二，第三方平台信息共享、心理成本与纳税遵从。通常认为，纳税人奉行纳税的心理成本是指其因为缴纳税款而产生的不舒适感。这主要是因为世界各国的税收大多为能力课税，即根据纳税人的纳税能力来征税，与其享受政府的公共服务没有直接的联系，并不表现为公共服务的直接对价。在第三方平台共享涉税信息从而辅助税务机关征税的条件下，平台从业者常常会产生抗拒心理。在调研中发现，从业者大多认为他们已经缴纳了相关税款，或者说其应纳税款已经由平台在其收入中扣除了。如果从业者认为在某平台的经济活动需要额外征税，而在其他平台不需要额外征税，那么他们则可能转换从业的平台。这可以从网约车司机在多个平台注册窥见端倪，他们会通过估测不同平台的成本费用及收益，从而选取收益率最高的平台。显然，平台共享涉税信息引致的额外征税（或从业者以为的额外征税）可能会使他们在不同的平台之间进行迁移。当然，如果同一类型的平台采取相同的涉税信息共享方式，那么平台上的从业者都会按照相同的方式进行征税，在一定程度上消除了平台间的不平等问题，心理成本也就随之消失，纳税遵从度则随之上升。

第三，第三方平台信息共享、时间成本与纳税遵从。对于平台的普通从业者而言，其税务奉行时间成本主要包括两个部分，一是学习和理解税法的时间，二是缴纳税款的时间。通常来说，税法属于专业性较强的知识体系，普通公民需要通过较长时间的学习才能掌握，即使是仅仅掌握单一的个人所得税法也是如此。特别是在现行税法体系下，不仅需要熟悉个人所得税法本身，而且必须熟悉实施细则及财政部、国家税务总局颁发的各种函件和公告。因此，平台的普通从业人员如果要熟悉相关知识，必须付出较多的学习成本，特别是相关从业人员的文化程度可能并不高的情况下更是如此。对于普通纳税人而言，不仅要搞清楚税法及应当交多少税，而且需要耗费时间到税务机关缴纳税款。现实来看，绝大多数纳税人依赖单位的财务人员代扣代缴个人所得税。显然，对于平台的普通从业人员而言，他们不属于平台公司的雇员，自然就无法享受代扣代缴的好处。如果第三方平台能够给予税法知识宣传及涉税信息共享，那么平台从业人员将能够节约大量时间。比如，第三方平台在其网站或公众号上适时推送相关税收知识，或以适当形式举行相关税收知识讲座，将能够帮助从业人员了解基本的税收知识。同时，第三方平台将从业人员的年度收入及相关涉税信息共享给纳税人，那么纳税人将能够清楚地知晓自身的纳税义务。在了解税法及自身纳税义务的基础上，纳税人能够大大节约相关时间以履行纳税义务；当然，这也有助于提高其纳税遵从度。

事实上，如果第三方平台能够向税务机关共享从业人员的涉税信息，那么税务机关则可以根据第三方报告的信息及自身采集的信息预填纳税申报表，再及时推送给纳税人；纳税人进行复核确认，如有异议可以申请调整，审核无误确认提交即可，从而大大节约纳税人的时间，也能够在一定程度上提高纳税遵从度。

3. 第三方平台信息共享、税收公平与纳税遵从

研究表明，纳税人感受到的税负公平程度会影响其纳税遵从度。

一般认为,在同等条件下,如果一部分纳税人缴税较少,而另一部分纳税人缴税较多,那么后者将产生较强的税负不公平感。在平台经济下,如果仅由纳税人自行申报,那么大部分纳税人将不会主动申报其应税行为;而按照税务机关的现有征管能力,他们也很难抽出人力和物力对规模庞大的平台个税纳税人进行全方位的稽查。换句话说,在缺乏第三方平台共享涉税信息的条件下,个税纳税人不申报、虚假申报等不遵从行为被发现的概率明显降低,相比而言,诚实申报纳税的纳税人就会承担额外的税收。显然,不申报或虚假申报的行为将腐蚀其他纳税人对税负公平的感知,从而直接影响到他们的纳税遵从行为。一般而言,任何纳税人都会对自身税负进行横向和纵向比较,一是将其所纳税款与相同处境的个人或收入群体所纳税款进行比较,二是将其所纳税款与不同处境的个人或收入群体所纳税款进行比较。如果纳税人认为受到了不公平的税收待遇,那么他将采取一定的偷漏税行为来弥补其所认为的不公平税收待遇。由此可见,在第三方平台涉税信息尚未得到充分共享的条件下,税务机关现有的征管能力无法给予平台从业者相对公平的税负感知,必然导致相关从业者较低的纳税遵从行为。

实际上,平台经济从业者的从众行为也在一定程度上加剧了税负不公平的感知程度,从而强化了纳税人的不遵从程度。James Alm[①]的实验研究发现,如果其他纳税人的纳税遵从水平高,那么试验者后续的纳税遵从水平则会相应较高。当纳税人所处地区纳税环境较差时,其周围不遵从的同伴数量也就越多。通常来说,纳税环境良好的国家和地区,逃避纳税的经济主体越少,相应会带动其他经济主体主动纳税;反之,纳税环境越差的地区,不遵从的同伴数量越

---

① James Alm, Measuring, "Explaining, and Controlling Tax Evasion: Lessons from Theory, Experiments, and Field Studies", *International Tax and Public Finance*, 2012, 19(1): 54–77.

多,那么经济主体则有可能认为其不遵从行为是可以接受的①,因而纳税人倾向于跟随同伴选择税收不遵从。在平台经济下,如果个税纳税人的不遵从行为难以被税务机关察觉,那么将会有更多的个税纳税人选择逃避缴纳税款。显然,纳税人隐匿的信息或提供的不实信息越多,获得的收益也就越多,从而进一步刺激纳税人不遵从,最终形成恶性循环。

由此可见,如果缺乏有效的涉税信息共享,税务机关将无法对平台经济相关从业者进行有效的税收征管,而相关纳税人感受的税负公平度则只能在低水平上徘徊,改善纳税人的遵从行为就根本无从谈起。

二 平台经济下第三方平台信息共享存在的问题

1. 缺乏法律和制度保障,第三方平台涉税信息共享的强制性不足

尽管《中华人民共和国税收征收管理法》《中华人民共和国个人所得税法》《中华人民共和国电子商务法》都提到了第三方的信息提供义务,但是相关规定均比较模糊,仅对税务部门获取第三方信息作出原则性规定②。除法律外,《中华人民共和国税收征收管理法实施细则》《中华人民共和国个人所得税法实施条例》等行政法规以及部门规章也对第三方涉税信息共享作了相关要求,提出建立全国统一的信息交换平台,保障税务机关及时获取第三方涉税信息。但缺乏高位阶法律的缺陷非常明显,规定过于原则化,界定模糊,缺乏明确的权责划分与有力的追责条款,可操作性不强。比如,相关法律

---

① Herath, T. and Rao, H. R., "Encouraging Information Security Behaviors in Organizations: Role of Penalties, Pressures and Perceived Effectiveness", *Decision Support Systems*, 2019(02):154–165.

② 周克清、刘文慧:《平台经济下个人所得的税收征管机制探索》,《税务研究》2019年第8期。

法规没有就第三方提供涉税信息的范围、方式、期限等作出明确的规定，对第三方机构如果漏报少报、不及时上报等行为如何处理等也尚未明确。进一步讲，上述规定针对的是一般意义上的第三方机构，对平台经济中的第三方平台更没有相应的规定。显然，在缺乏相应法律和制度保障的条件下，第三方平台不可能有足够的动力收集并提供普通从业者的涉税信息。

各个地方虽然也对个人所得税第三方涉税信息共享制度进行了有益探索，但这些法规和规章仅限地方层面，导致税收征管实践只能依据地方性法规，信息共享只能在各自区域内进行，导致每个地方信息共享又自成一派，形成信息孤岛。同时，地方性法规立法层次较低，缺乏强制力，导致很多第三方主体不愿意共享涉税信息，也无法要求行政区域以外的主体提供纳税人的涉税信息，这就使这些法规和规章执行力度不能保证，从而无法有效推动涉税信息共享的进程。

2.缺乏有效的激励措施，第三方平台涉税信息共享的积极性不高

传统经济中大部分个人所得税收入是以代扣代缴模式来实现征管的，而代扣代缴单位也会获得一定的手续费收入，故代扣代缴单位是有一定积极性的。平台经济中，第三方平台与多数平台从业者并不存在雇佣关系，第三方平台没有对其收入进行代扣代缴的义务和权利，也不承担对其纳税遵从行为进行监控的责任。而且，第三方平台向税务部门提供涉税信息或对平台从业者收入进行监管，需要投入人力物力资源，产生相应的人力、物力成本。在成本大于收益的情况下，第三方平台参与信息共享的积极性并不高。

同时，第三方平台提供涉税信息的行为，还可能侵犯从业者的业务隐私或商业秘密，因此向税务机关提供纳税人涉税信息的主动

性大大降低。在第三方涉税信息共享的过程中，税务机关在获取纳税人应税事实存在依据时，不可避免地会介入纳税人的私人生活领域，这将导致与隐私权、商业秘密权发生不同程度的冲突。对于第三方来说，其所掌握的客户信息，属于客户隐私、商业秘密的范围，受到隐私权、商业秘密权的保护。在未经客户允许的情况下，将客户的信息提供给双方以外的其他方，对其信誉与竞争地位的打击将会非常大。《中华人民共和国数据安全法》《中华人民共和国个人信息保护法》已于2021年正式施行，个人数据共享安全问题是亟须解决的问题。在缺乏足够的制度约束与政策激励的背景下，第三方平台参与信息共享的积极性大大制约了涉税信息共享的程度。

3. 第三方平台信息共享标准不一，共享效率不高

涉税信息共享规则不规范、共享标准不统一是第三方涉税信息共享制度无法发挥作用的重要原因。一是税务机关对于纳税信息的获取效率不高。《中华人民共和国税收征收管理法》虽然规定了工商部门应当定期向税务机关通报办理登记注册、核发营业执照的情况，但并未对涉税信息报送的方式、标准等予以规定。《关于加强税务工商合作 实现股权转让信息共享的通知》等文件中虽然规定了信息共享的内容、方式、时限，但规定过于宽泛，在实际操作中的可执行性较低，税务机关获取信息的效率不高。二是各个主体间的共享机制不顺畅。第三方平台涉税信息主要通过各自的平台进行采集与整理，但在缺乏系统化的涉税信息交换机制的情况下，海量基础信息被分割在许多大小不一的信息孤岛上，平台与税务机关之间、各平台之间无法形成有效的涉税信息共享机制。显然，第三方平台涉税信息涉及面广泛、数据量大，且数据比较零星分散，如果不能实现规范、标准化的信息采集与传递，第三方平台采集的涉税信息将难以转化为税源管理信息，无助于税务机关加强个人所得税的征管。

三 完善信息共享机制，提升个税遵从的路径选择

1. 构建第三方平台涉税信息共享的激励约束机制

第一，健全第三方平台涉税信息共享的法律保障机制。目前，中国税务机关不能要求第三方平台共享其从业人员涉税信息，其核心原因在于尚未建立相应的法律保障机制，对第三方平台共享涉税信息没有法律强制能力。因此，如果要提高平台经济从业人员的纳税遵从度，强化第三方平台对从业人员涉税信息的共享程度，必须建立第三方平台涉税信息共享的强制制度。一是可以借《中华人民共和国税收征收管理法》修订之机，在新税收征管法中加以明确。二是要在相关的法律法规（如《中华人民共和国电子商务法》）中明确第三方平台共享涉税信息的义务。三是可以颁行专门的平台经济（或共享经济）税收制度，对第三方平台涉税信息共享义务进行专门的规定。相关保障机制的核心应是明确第三方主体提供涉税信息的范围、方式、期限，以及漏报少报、不及时上报的处罚措施。

要注意的是，相关法律法规对第三方平台涉税信息共享的规制，必须同步保护第三方平台和从业人员的权利。[①]特别是在中国现有信息安全法律法规尚不健全的条件下，要加强从业人员个人信息及业务信息（商业秘密）的保护，防止从业人员相关信息的泄露。[②]

另外，除第三方平台公司外，相关法律法规还需要对可能的第三方机构涉税信息共享进行规制。比如，银行及第三方支付机构拥有从业人员的全面收入信息，而这些信息正是税务机关征税及稽查不可或缺的信息源。

---

① 汤火箭、宋远军：《大数据时代个人所得税征管中第三方涉税信息共享制度研究》，《税务研究》2020年第1期。

② 蔡昌、赵艳艳、戴梦妤：《基于区块链技术的税收征管创新研究》，《财政研究》2019年第10期。

第二，构建第三方平台共享从业人员涉税信息的激励约束机制。税务机关对于第三方平台因共享涉税信息所产生的成本费用，可以进行一定的分担，或者给予加计扣除的待遇，鼓励第三方平台加强涉税信息共享。税务机关可以将平台公司提供从业人员涉税信息的情况纳入信用评级，并以此为依据确定对平台公司的稽查概率，采取差别化的税收征管措施。[①]

随着近年来平台公司委托代征汇总代开的需求不断增加，各平台更需要加强对涉税信息的共享，加强对从业人员各种经济行为的甄别，防止上游企业与下游从业人员共谋，骗取平台公司代开相关发票以抵扣税款。税务部门要加强对第三方平台公司的激励约束力度，既要提升平台公司的共享力度，又要加强甄别能力，防止对上游企业虚开发票。换句话说，既要加强平台对从业人员涉税信息的共享，提升个税纳税人的遵从度；又要防止上游企业利用平台公司汇总代开资质偷漏税款。

2. 建立第三方平台涉税信息共享标准化机制

由于缺乏标准化的涉税信息共享机制，即使部分第三方平台愿意共享从业人员涉税信息，也无从下手。国家财税主管部门可与国家标准化管理委员会及平台经济相关专业委员会制定第三方平台共享从业人员涉税信息的具体标准。比如，确定具有报告义务的平台公司范围、需要报告的从业人员范围及需要报告的交易信息范围等。特别是对于从业人员的信息范围应当包括但不限于：从业人员（卖家）的姓名、常住地址、业务活动区域[②]、纳税人识别号、身份证号、银行账户及收入信息（含第三方支付渠道）以及业务内容等。同时，

---

① 周克清、郑皓月：《平台经济下个人所得税纳税遵从研究——基于信息不对称的视角》，《税务研究》2021年第1期。

② 仅对具有地域特征的线下从业人员要求提供业务活动区域，而对于仅从事线上业务的从业人员则无须提供此类信息。

随着中国个人所得税征管制度的不断推进，包括第三方平台在内的诸多第三方涉税信息也将一并为个税征管助力，因而更需要建立标准化的涉税信息共享标准。在数据方面，以自然人纳税人识别号为标识，设定标准统一、规则统一、共享统一的自然人纳税人数据库；在硬件方面，全国范围内在应用系统、网络环境、数据库等方面实现高度统一。在保证税务机关获取涉税信息的同时，也要兼顾与第三方主体的信息共享，实现多部门联动、高效共享的信息平台模式。[①]

3. 鼓励第三方平台与从业人员之间签订代扣代缴或预扣协议

尽管按照现有法律，第三方平台没有对从业人员进行代扣代缴的权利或义务，但可以鼓励第三方平台与从业人员之间签订协议，由第三方平台代扣代缴或预扣个人所得税。对于仅在某平台从事相关业务的从业人员而言，其活动实质上属于专职行为，虽非平台职员，但其收入客观且来源相对单一，由第三方平台代扣代缴有助于降低从业人员的奉行纳税成本。

对于零星业务或兼职从业人员，可考虑由平台对收入进行个税预扣。按照减税降费与事先裁定[②]的基本思路，第三方平台可与税务机关先行协商，对收入规模较小的纳税人实行个税预扣，并将个税预扣写入平台与从业人员签订的从业合同中。对于此类从业人员，可以按照从业人员收入的较低比例（如1%—2%）进行预扣，从而降低从业人员的税收负担并减少其税负痛感。对于在单一平台未达到一定收入规模的从业人员，可免予其年终汇总纳税；对在单一平

---

① 王葛杨：《第三方信息在个人所得税征管中的应用初探》，《国际税收》2020年第3期。
② 事先裁定是对纳税人未来拟议交易且现行税法规则无法涵盖的交易请求预先作出税法评价，以便纳税人自行衡量其未来交易架构的税法处理、风险和后果。鉴于现行税法尚未对平台公司预扣从业人员个税进行规范，如果平台公司与税务机关能够就此事项达成一致意见，则能规避平台公司的税法风险。

台达到较高收入规模的从业人员，则要求将其收入与其他渠道获得的收入进行汇总纳税，在该平台预扣的税款可计入其已纳税款。从降低税收征管难度及纳税人负担的角度考虑，可以将该门槛设定为每月 3000 元。①

---

① 周克清、郑皓月：《平台经济下第三方平台信息共享对个税遵从的影响研究》，《西南民族大学学报》（人文社会科学版）2022 年第 9 期。

第四章 个税改革与政治（政府）治理转型：参政意识与政府回应性

第一节 问题的提出

财政是国家治理的基础和重要支柱，而个人所得税是中国最重要的直接税，其对于政治（政府）治理转型具有非常重要的意义。学界早期重点关注个税改革的路径与方向、经济影响等方面。随着国家治理转型不断深入，学界开始越来越关注个税改革对于政府治理的影响。比如，个人所得税改革方案及征管条件研究课题组[①]指出，个人所得税改革有效促进了政府部门实现信息交换对接的标准化和规范化处理，使得政府部门能够全面搜集微观个体信息，促进了国家治理数字信息化，进而推动国家治理现代化进程。汪昊[②]认为，2011年个税制度无法适应国家治理的需要，新一轮个税改革必须承担实现国家治理现代化的重大使命。施正文[③]指出，2018年的个税改革不仅仅是一次税制改革，其对提升国家治理也有着深刻的意义。大体来讲，学界关于个税改革对政府治理转型及其效率影响的研究集中在三个方面：

[①] 个人所得税改革方案及征管条件研究课题组：《个人所得税改革方案及征管条件研究》，《税务研究》2017年第2期。

[②] 汪昊：《个税改革，为国家治理现代化铺路——本轮税改的几个突破》，《人民论坛》2018年第25期。

[③] 施正文：《迈向繁荣成熟的财税法：四十年的回顾与前瞻》，《税务研究》2018年第10期。

1. 个税改革与政府回应性

政府回应性是指政府行为和决策符合社会成员意愿和偏好的程度。① 在提供公共产品和公共服务的过程中，地方政府的回应性是决定辖区居民偏好满足程度的关键因素，也是提高辖区居民对政府信任程度的重要保障。② Hoffman 和 Gibson③ 发现，在坦桑尼亚和赞比亚，如果能获取更多的税收收入，地方政府就会给公共服务分配更多的预算，其财政回应性会更高。

张景华④ 认为，税收能够促进政治问责，改善治理质量，并且由公民直接负担的税收在改善治理中的作用尤为显著。尹恒和杨龙见⑤ 指出，个人所得税在地方政府收入中的比重、本地民营经济所占份额、市场集中度等要素都会对地方政府的回应性产生影响，市场化有助于地方政府回应性的提高。陈军亚⑥ 探究了国家因税而治的"区域性国家治理逻辑"，即随着税源丰富程度的不同，国家—社会的关系也呈现不同的特征，国家对于社会的介入程度也越来越深。谷成和张家楠⑦ 发现，横向税收竞争显著削弱了地方政府对辖区居民的回应性，且这种抑制效应具有普遍性，不受地理位置和经济发展程度的影响。由此可见，学界已经开始关注税收对政府回应性的影响，

---

① Roberts A., Kim B Y., "Policy Responsiveness in Post-communist Europe: Public Preferences and Economic Reforms", *British Journal of Political Science*, 2011(04): 819-839.
② 谷成、张家楠：《横向税收竞争与地方政府回应性——来自中国地级市的经验证据》，《财经问题研究》2022 年第 9 期。
③ Hoffman B. D., Gibson C. C., "Mobility and the Political Economy of Taxation in Tanzania", *Ensayo Presentado en la Reunión Anual de la Asociación Americana de Politología, Filadelfia*, 2006.
④ 张景华：《税收与治理质量：跨国实证检验》，《财贸经济》2014 年第 11 期。
⑤ 尹恒、杨龙见：《地方财政对本地居民偏好的回应性研究》，《中国社会科学》2014 年第 5 期。
⑥ 陈军亚：《因税而治：区域性国家治理的机理——以区域村庄形态调查为依据》，《云南社会科学》2019 年第 4 期。
⑦ 谷成、张家楠：《横向税收竞争与地方政府回应性——来自中国地级市的经验证据》，《财经问题研究》2022 年第 9 期。

但个人所得税如何影响政府回应性的研究尚不多见。

2. 个税改革与政府绩效

关于个税改革如何影响政府的绩效或支出效率，学界也做了较多的研究。比如，陈力朋等[①]认为，对于政府规模而言，在控制居民的收入水平、教育水平等个体特征的情况下，居民的税收感知度越高，其对限制"政府权力规模""政府机构与公务员规模""行政经费开支规模"的偏好越强烈；居民的税收负担越重，其对限制"政府机构与公务员规模""行政经费开支规模"的偏好越强烈。储德银等[②]认为，对于政府效能而言，间接税占比提高显著抑制地方政府治理能力，而直接税占比提高能够显著提升地方政府治理能力，且个人所得税对地方政府治理的促进作用相对大于企业所得税的抑制作用。魏福成和任涵琪[③]认为，随着地方政府支出规模上升，直接税占比的影响呈现上升趋势；直接税占比的上升通过减少财政幻觉，进而降低地方政府支出规模，提高财政支出效率。贺佳和孙健夫[④]指出，减税政策的实施能够促进政府支出效率的提升，其内在逻辑为，减税政策的实施增加了财政压力，地方政府为缓解财政压力，就必须精打细算、优化财政支出结构，从而提高政府支出效率。

3. 个税改革与政府权力运行的规范性

一般认为，个人所得税具有受益性，能够推动地方政府更加规范地运行。从征税激励等角度看，个税改革有利于激励省级政府推动个人所得税征管配套措施的完善，如信息联网、减少现金交易、

[①] 陈力朋、刘华、徐建斌：《税收感知度、税收负担与居民政府规模偏好》，《财政研究》2017年第3期。

[②] 储德银、费冒盛、黄喧：《税制结构优化与地方政府治理》，《税务研究》2020年第11期。

[③] 魏福成、任涵琪：《直接税对地方政府支出规模的影响研究——基于1999—2019年省级面板的实证分析》，《中央财经大学学报》2021年第12期。

[④] 贺佳、孙健夫：《减税政策提升了政府支出效率吗》，《财经科学》2021年第6期。

实行统一纳税账户和纳税登记号等。① 从地方政府治理的角度看，地方政府在资源配置和地方治理领域具有信息优势，更熟悉居民偏好，有效提供公共产品和公共服务；居民在不同辖区之间的选择权有利于促进地方政府间的竞争，从而提高地方政府的行政效率，但税权的下放需要与政府管理能力和社会的法治意识等相匹配。②

直接税在税制结构中比重的提升，显著利于提升治理效率、减少腐败和促进社会公平，③ 其内在机制在于直接税显著提升了行为主体的参与式治理程度。④ 参与式治理重视公民的主体参与，注重提高治理过程的公开性、参与性、互动性和规范性，⑤ 通过促进公民积极的政治参与，协商达成共识，制定公共政策并均等受益，⑥ 能够更好地监督公共部门对公共资源配置的决策，提高公共资源的使用效率，带来更有力的问责、更高的政府响应能力和更好的公共服务，⑦ 能够提高国家治理的合法性和有效性。⑧

总的说来，国内外学者就中国个税改革对于政府治理的重要性已经达成初步的共识，个税改革极大地提升了广大民众对国家活动的关注力度，在一定程度上重塑了政府与市场、政府与个人、政府与社会组织及政府部门之间的相互关系。但深入探究个税改革对政

---

① 吕冰洋：《现代政府间财政关系的构建》，《中国人民大学学报》2014 年第 5 期。
② 李华：《地方税的内涵与我国地方税体系改革路径——兼与 OECD 国家的对比分析》，《财政研究》2018 年第 7 期。
③ 牛富荣：《法治财政、法治政府与腐败治理》，《经济问题》2016 年第 7 期。
④ 吴俊培、陈曾、刘文璋：《税制结构、参与式治理与国家治理现代化》，《税务研究》2021 年第 9 期。
⑤ 陈朋亲、杨天保：《参与式治理在中国的发展与实践》，《人民论坛》2016 年第 2 期。
⑥ Fung, Archon, Wright, et al., "Deepening Democracy: Innovations in Empowered Participatory Governance", *Politics & Society*, 2001 (01): 5-41.
⑦ Speer J., "Participatory Governance Reform: A Good Strategy for Increasing Government Responsiveness and Improving Public Services?", *World Development*, 2012 (12): 2379-2398.
⑧ 张紧跟：《参与式治理：地方政府治理体系创新的趋向》，《中国人民大学学报》2014 年第 6 期。

府治理能力影响的文献相对较少，也没有系统地分析其影响机制。个税改革所引发的广泛关注，是否转化为民众对政府活动的民主监督？是否激发了政府对广大民众呼声的回应？是否提升了政府的治理效率并进而实现国家治理的现代化？本章拟深入研究个税改革对政府治理效率的影响机制与路径，从而探寻下一步个税改革的最佳路径。

第二节　理论分析

一　政府治理及治理效率的理论内涵

政府治理是国家治理的核心部分，是国家治理至关重要的子系统。① "治理"本意即解决公共问题以达到理想状态的过程。以此延展，政府治理则是以政府为主导并联合多方力量共同解决公共事务的过程，其目标是处理好公共事务以维护社会的良好秩序，从而增进公共利益与福利。因此，政府治理包含两个方面：一是政府主导多元共治以处理社会公共事务；二是在社会公共事务处理过程中，民众有权对政府权力运行施加约束。

政府治理的核心问题即提升政府治理效率，它决定了社会公共事务的处理结果，从而影响公共利益与福利。政府治理效率可以通过政府的反腐败力度、政府的规模、政府的行政效率以及法制水平等来衡量。②③④ 世界银行1996年颁布的"全球治理指数"（WGI）主要是评估政府治理的有效性，包括更多的公众话语权、更强的政府

---

① 魏治勋、李安国：《当代中国的政府治理转型及其进路》，《行政论坛》2015年第5期。
② Helliwell J F, Huang H F. "How Is Your Government? International Evidence Linking Good Government and Well-being", *British Journal of Publican Science*, 2008（3）: 595-619.
③ Back H., Handenius A., "Democracy and State Capacity: Exploring a J-Shaped Relation Governance", *An International Journal of Policy Administration and Institution*, 2008（2）: 1-24.
④ 赵云辉、张哲、冯泰文、陶克涛：《大数据发展、制度环境与政府治理效率》，《管理世界》2019年第11期。

问责、更高的政府效能、更高的管制质量、更完善的法治以及更少的腐败六个方面。基于政府治理内涵并结合上述研究,可以将政府治理效率分为三个方面,即政府回应性、政府绩效和政府权力规范性。其中,政府回应性考察政府对民众诉求的回应程度;政府绩效考察政府处理公共事务的成效;政府权力规范性考察政府权力运行的规范程度。

二 个税改革与政府治理效率

政府与民众的双向互动是指政府与民众为实现政府治理目标,通过特定的信息沟通渠道传递双方诉求,进而实现有效沟通的过程。相较于传统行政发令式的沟通方式,政府与民众的双向互动方式拥有民众广泛参与、信息传递顺畅以及增进政策理解等优势。作为一项政府治理活动,2018年个税改革即采用了政府与民众的双向互动方式,2018年6月19日,《中华人民共和国个人所得税法修正案(草案)》提交全国人大常委会会议审议,6月29日起在中国人大网公开征求意见。根据中国人大网的数据,截至当年7月28日,共收到意见131207条,参与人数达67291人。① 个税改革引发如此广泛的民众参与,在此双向互动过程中政府行为与民众行为相互影响,政府治理效率得以提升。

1. 个税改革提升民众的参政议政意识

首先,个人所得税负担的显性化能够激发民众的参与热情。民众的工资薪金是个人所得税的主要来源,个人所得税的征收对象涵盖大量的个人与家庭,涉及面广,民众的感受最为直观,民众有动力参与到个税改革过程中。

---

① http://www.npc.gov.cn/zgrdw/npc/xinwen/lfgz/2019-02/26/content_2072470.htm.

其次，全国人大常委会就个税改革广泛征求群众意见，为民众广泛参与个税改革并表达其诉求提供了渠道。全国人大常委会积极引导民众参与公共政策的制定，广泛收集社会民众关于个税法案修正的意见，引起了较为广泛的社会关注，激发了民众的参政热情，提升了民众的参政议政意识。

最后，民众广泛参与个税改革所产生的实际成效，进一步激发了民众的参政热情。全国人大常委会对于民众呼声较高的意见予以考虑并最终采纳，民意被政府采纳确认了参政议政的可操作性，内生地激发了民众的参政议政动力。通过广泛参与个税改革，使民众真正感受到了当家作主的感觉，激发了民众的政治热情，提升了民众的参政议政意识。

2. 民众参政议政意识提升能够有效影响政府治理

个税改革所激发的民众参政意识能够推动政府职能转变，从而促进政府治理效率提升。基于国家治理现代化的目标指引，政府职能转变包含法治化、民主化和科学化等目标。法治化目标即依法行政，民众拥有民主监督权力，能对政府权力运行施加约束；民主化目标即多元共治，民众在公共事务治理中拥有一定的话语权；科学化目标即政府科学合理决策，有效提升政府绩效。[1][2][3][4]

首先，由个税改革所引发的民众对国家政治经济事务的广泛关注，实际上表现为民众对国家政治经济事务的民主监督。民众更为广泛地对政府活动实施民主监督，将有效推进政府部门行使职能的

---

[1] 胡永保、杨弘：《国家治理现代化进程中的政府治理转型析论》，《理论月刊》2015年第12期。

[2] 魏治勋、李安国：《当代中国的政府治理转型及其进路》，《行政论坛》2015年第5期。

[3] 汪锦军：《"最多跑一次"改革与地方治理现代化的新发展》，《中共浙江省委党校学报》2017年第6期。

[4] 杨雪冬：《创造性提高制度执行力 应对地方政府治理转型挑战》，《中国党政干部论坛》2020年第3期。

规范化，从而推动政府职能实现法治化目标，促进政府提升权力运行规范程度。

其次，个税改革激发的民众参政议政热情不仅在税制改革领域逐步体现出来，而且扩展到政府活动的其他领域。它要求政府全面履行其受托责任，积极转变自身角色，增强服务意识，对民众的相关诉求进行有效回应。此举使得民众在公共事务治理中拥有更多的话语权，推动政府职能实现民主化目标，而政府回应性提升也即政府治理效率提高。

最后，个税改革所引发的民众参政意识提升将会扩展为民众对国家政治经济事务的广泛关注。随着参政意识的提升，民众会更加关注财政收支安排的科学性和合理性，因此迫使政府更加科学有效地使用财政资金，推动政府职能实现科学化目标，促进财政支出效率提升。

H4-1：个税改革能够提升政府治理效率（见图4-1）。

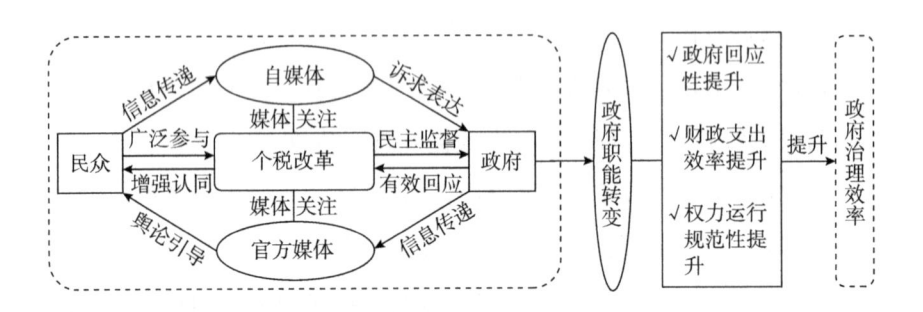

图 4-1 政府与民众的双向互动机制

三 媒体关注的倍增效应

个税改革影响政府治理的过程中，公共媒体起到了很好的放大作用。换句话说，政府通过媒体公布个税改革的初步方案并征求意见，民众通过媒体针对个税改革方案发声，政府与民众通过媒体的交互实现个税改革方案的优化。与之相似的是，政府与民众在其他公共服务问题上进行沟通和交流，从而消解政府与民众之间的信息不对称，形成相对一致的公共舆论，有助于提升政府治理的效率。

一般而言，政府在官方媒体的发声主要是对社会舆论的正面引导。无论是政府的官方报纸、广播电视台，还是伴随互联网发展起来的诸多新媒体，政府的发声较为正面。民众在自媒体的发声重点在对政府公共活动进行监督，从而向政府及社会反馈需要改进的方面。在现代民主监督意识不断提升的背景下，强大的公共舆论压力不仅可以促使政府充分考虑民意，进而制定出符合民意、深得民心的政策，而且强大的公共舆论压力能够进一步规范政府行为，提升政府治理效率。面对自媒体公共舆论的压力，政府如果能够在官方媒体以较为正面的方式进行澄清，公布事实的真相，也能够较好地消解民众的负面情绪，实现政府与民众之间的有效互动。显然，这种媒体互动能够督促政府更好地关心民众的疾苦，从而提升政府治理效率，产生影响政府治理的倍增效应。

H4-2：媒体广泛关注能够对政府治理效率产生倍增效应。

第三节　实证策略与变量选择

一　实证策略

首先对个税改革与政府治理效率的关系进行识别。此次个税改革于2018年开始在全国范围内推进，改革内容基本一致且实施时间相同；若使用传统双重差分模型，则无法划分绝对的处理组和控制组。因此，本章参考已有文献设置连续型冲击变量的方法，利用各省（区、市）在个税改革后受到的影响差异，分析个税改革是否有助于提升政府治理效率。

为了避免个税改革的反向影响，本章确定各省份受个税改革影响大小的依据为 2017 年各省份的经济和财政水平。参照李永友和王超[①]的研究方法，本章选择各省份受"个税改革"的影响大小作为政策变量。这能克服经典双重差分法只能使用 0—1 变量来设置政策变量的局限，为"个税改革"构造了一个连续型政策变量。使用此方法进行识别可以利用更全面的样本信息，从而实现精确有效估计。[②]目前，学界已在各种准自然实验研究领域运用该方法。[③][④][⑤] 据此，建立如下基准模型：

$$EFFI_{it} = \beta_0 + \beta_1 RPIT_i \times Yearpost + \rho X_{it} + \alpha_i + \mu_t + \varepsilon_{it} \quad (4-1)$$

在模型（4-1）中，被解释变量 $EFFI_{it}$ 为政府治理效率，$RPIT_i \times Yearpost$ 为"个税改革"变量；其中，$RPIT_i$ 表示个税改革强度，$Yearpost$ 代表个税改革的时间虚拟变量。此次个税改革于 2018 年 10 月开始在全国范围内推进，故而在设定 $Yearpost$ 时，将 2018 年之前赋值为 0，将 2018 年及之后赋值为 1。X_{it} 为控制变量，α_i、μ_t、ε_{it} 分别表示省份固定效应、时间固定效应和残差项。

在模型（4-1）的基础上，为进一步考察媒体关注的交互效应，引入媒体关注指标 $Media_{it}$，建立模型：

$$EFFI_{it} = \beta_0 + \beta_1 RPIT_i \times Yearpost + \beta_3 MEDIA_{it} + \beta_4 MEDIA_{it} \times \\ RPIT_i \times Yearpost + \rho X_{it} + \alpha_i + \mu_t + \varepsilon_{it} \quad (4-2)$$

---

① 李永友、王超：《集权式财政改革能够缩小城乡差距吗？——基于"乡财县管"准自然实验的证据》，《管理世界》2020 年第 4 期。

② 汪伟、艾春荣、曹晖：《税费改革对农村居民消费的影响研究》，《管理世界》2013 年第 1 期。

③ Card D., "Using Regional Variation in Wages to Measure the Effects of the Federal Minimum Wage", *Industrial & Labor Relations Review*, 1992（1）: 22-37.

④ 陈晓光：《财政压力、税收征管与地区不平等》，《中国社会科学》2016 年第 4 期。

⑤ 李建军、吴懿：《税收分成、财政激励与制造业企业活力——来自"增值税分成"改革的证据》，《财贸经济》2021 年第 9 期。

考虑到样本必须满足平行趋势假定，才能利用模型（4-1）识别个税改革对政府治理效率的效应，因此需要先分析政府治理效率的变化趋势是否一致。若不一致，模型估计结果可能是有偏的，进而结论稳健性难以保证。在模型（4-1）基础上对2018年个税改革前后3年时间（2015—2021年）进行考察，以检验是否能通过平行趋势检验以及是否存在个税改革对政府治理效率影响的动态效应，据此建立模型：

$$EFFI_{it} = \beta_0 + \sum_{year}\beta_1 RPIT_i \times Yearpost + \rho X_{it} + \alpha_i + \mu_t + \varepsilon_{it} \quad (4-3)$$

另外，在该时间段内中国先后推进了"预算绩效管理改革"和加大"国家审计"力度的举措。其中，"预算绩效管理改革"起始于2004年，广东省首先开始试点实施，直至2018年宁夏回族自治区实行，至此该政策全国推行。同时，中华人民共和国审计署不断加大国家审计力度，地方政府的预算编制、调整和支出行为逐渐规范，"突击花钱"、违规和浪费的行为有所遏制，在一定程度上提升了政府治理效率。在模型（4-1）中加入这两项政策，以排除其影响，建立模型（4-4）。在排除了"预算绩效管理改革"和"国家审计"的影响后，考察"个税改革""预算绩效管理""国家审计"政策间是否存在交互效应，建立模型（4-5）。

$$EFFI_{it} = \beta_0 + \beta_1 RPIT_i \times Yearpost + \gamma JXDX_{it} + \delta GJSJ_{it} + \rho X_{it} + \alpha_i + \mu_t + \varepsilon_{it} \quad (4-4)$$

$$EFFI_{it} = \beta_0 + \beta_1 RPIT_i \times Yearpost + \beta_2 RPIT_i \times Yearpost \times JXDX_{it} + \beta_3 RPIT_i \times Yearpost \times GJSJ_{it} + \rho X_{it} + \alpha_i + \mu_t + \varepsilon_{it} \quad (4-5)$$

模型（4-4）和模型（4-5）中，$JXDX_{it}$代表"预算绩效管理改革"变量，用"1/各省份已经实施预算绩效管理改革的年限"度量，以刻画改革强度随时间的差异；$GJSJ_{it}$表示"国家审计"变量，将

《中国审计年鉴》披露的各省份违规资金数量取自然对数作为国家审计监督力度的度量。

二　变量选择

1. 被解释变量

本章被解释变量 $EFFI_{it}$ 为政府治理效率。基于本章理论分析,将政府治理效率分为三个方面,即政府回应性、政府绩效和政府权力规范性。

政府回应性($GRES$)用各省级政府网站公布的"公众来信的办结情况"统计数据来衡量。该数据来自各省级政府门户网站公布的"省(市)长信箱""我向省长建言"等栏目的统计数据,该指标主要代表政府对于民众诉求的反应情况。政府对民众诉求的关注越充分,越能体现政府的人民性,越能实现"刀刃向内",进而提升政府的治理能力。

政府绩效($GPER$)用财政支出效率衡量。借鉴刘建民等[1]的研究成果,运用 DEA 软件计算得出财政支出效率,反映政府是否合理有效地使用财政资金。

政府权力规范性($GLAW$)用每百万人口中的腐败案件数量来衡量。该指标主要反映政府的监管质量和法治水平,该指标越小代表政府权力运行越规范。

2. 核心解释变量

本章的核心解释变量为个税改革强度($RPIT_i$)。现有研究表明,不同省份之间对个税改革的反应呈现出较大的差异。[2] 2018 年,京

---

[1] 刘建民、秦玉奇、洪源:《财政效率对区域全要素生产率的影响机制和效应:基于综合财政效率视角》,《财政研究》2021 年第 3 期。

[2] 范子英:《关于个税改革的 3 大难题,我们准备好了吗?》,2018-06-25. https://baijiahao.baidu.com/s?id=1604197858743062970&wfr=spider&for=pc。

沪粤苏四省份的个税收入占全国的一半以上，个税改革对于此类个税收入较高的省份影响较大，而对个税收入较低的省份影响则较小。

基于此，本章采用三种方法度量个税改革强度：第一种度量是"2017年各省份个人所得税收入占税收收入的比重"（采用 IIT 表示）。该指标代表个人所得税收入对地方政府的重要程度，个人所得税作为地方政府的重要收入来源，该比重越大，则地方政府对于个税改革的反应程度越高，反之亦然。第二种度量是"2017年各省份个人所得税收入占财政收入的比重"（采用 IDT 表示）。第三种度量是"2017年各省份个人所得税收入占地区生产总值的比重"（采用 IDF 表示）。本章以第一种度量方式进行基准回归，以另外两种方式进行稳健性检验。

3. 其他解释变量

本章的其他解释变量主要是媒体关注 $MEDIA_{it}$。现有研究主要通过两种方式来度量该指标：一是采用百度新闻搜索引擎收集媒体报道的次数来衡量；[1]二是以各省份省级以上级别报纸作为数据来源，搜集整理报道篇数。[2]省级报纸是各省份民众最容易接触的报纸，影响广且深，因此可以将其作为本章个人所得税改革媒体关注指标的数据来源。但不可否认，以百度新闻数据库为代表的网络媒体已经成为民众反映民意和政府公开信息的重要渠道，若单独以上述任意一种方式作为媒体关注指标的衡量，均会产生偏误。因此，本章同时采用上述两种方式。

具体做法：首先，以各省份的党报及主要省级报纸官方网站作为检索对象，运用 $Python$ 软件，选择"个税"和"个人所得税"作

---

[1] 池国华、杨金、谷峰：《媒体关注是否提升了政府审计功能？——基于中国省级面板数据的实证研究》，《会计研究》2018年第1期。

[2] 潘孝珍、魏萍：《媒体关注能否督促地方政府治理环境污染》，《中南财经政法大学学报》2019年第6期。

为关键词在各网站进行全文检索，整理各年份出现上述关键词的新闻报道篇数。其次，以百度新闻搜索引擎作为数据来源，以"省份+个人所得税"作为搜索词进行检索，以此来整理获得各省份媒体每年有关个人所得税的新闻报道篇数。最后，将上述两种方式获得的各年份各省份关于个人所得税的报道篇数之和取自然对数，以此作为媒体关注的衡量指标。

4. 控制变量

借鉴类似研究，本章选择如下控制变量：①经济发展水平（$RGDP$），以各省份的人均 GDP 取自然对数来衡量。一般认为经济发展水平较高的地区，政府治理效率较高。②开放程度（$OPEN$），以各省份进出口总额占地区生产总值的比值衡量。一般认为，经济开放程度较高的地区，政府治理效率较高。③财政自给率（SF），以各省份一般公共预算收入与财政支出的比值衡量。一般公共预算收入是税收收入与非税收入的和，不包括上级转移支付、债务资金和其他调入资金。一般认为，财政自给率与地方政府的自由度紧密相连；财政自给率的提升有助于改进地方政府的治理效率。④人力资本（$EDUA$），以各省份人均受教育年限衡量。一般认为，人力资本或人均受教育水平高，有助于提高居民的民主监督能力，进而提升地方政府的治理效率。⑤城镇化水平（CZS），用各省份城市人口与地区常住人口之比衡量。一般认为，城市地区的政府治理效率高于农村地区的政府治理效率。

本章选用 2015—2021 年中国 31 个省（自治区、直辖市，不含港澳台，下同）的数据进行实证分析。其中，被解释变量和解释变量数据来源于各省份政府门户网站、《中国财政年鉴》《中国检察年鉴》和《中国统计年鉴》；开放程度、财政自给率、人力资本与城镇化水平等控制变量数据来源于《中国统计年鉴》《中国城市年鉴》；"国家审计"变量数据来源于《中国审计年鉴》,由于部分省份的数据不全,个别"国家审计"数据来自手工收集或采用插值法获取。

三 描述性统计

本章变量描述性统计结果汇报于表4-1。由表4-1可知,政府回应性的均值为2.117,最大值为29.560,而最小值仅0.009,最大值与最小值之间相差29.551,表明不同省份之间政府回应性存在较为明显的差异,且大部分省份政府回应性数值偏低,政府对民众诉求的关注和回应有待进一步加强。政府绩效的均值为0.354,最小值与最大值之间的差距为0.686,标准差为0.411,表明不同省份之间财政支出效率差异明显。政府权力规范性均值为0.028,标准差为0.015,表明各省份仍然不够规范,但各省份间存在一定差异。个税改革变量最大值与最小值间的差距均较大,表明个税改革指标在各省份间存在明显差异。媒体关注均值为3.964,最大值与最小值之间差距为2.520,表明媒体较为关注个税改革这一事件,对该事件的报道较多,但省份间存在一定的差异。此外,从控制变量数值来看,各省份经济发展水平、开放程度、财政自给率、人力资本和城镇化水平均存在明显差异。

表 4-1　　　　　　　　　　变量描述性统计

变量	Obs	均值	标准差	最小值	最大值	中位数
政府回应性 GRES	217	2.117	4.839	0.009	29.560	—
政府绩效 GPER	217	0.354	0.411	0.006	0.692	0.355
政府权力规范性 GLAW	217	0.028	0.015	0.004	0.162	0.026
个税改革强度 IIT(%)	217	0.062	0.027	0.034	0.151	0.053
个税改革强度 IDT(%)	217	0.044	0.023	0.025	0.118	0.037

续表

变量	Obs	均值	标准差	最小值	最大值	中位数
个税改革强度 IDF（%）	217	0.007	0.009	0.002	0.053	0.004
媒体关注 MEDIA	217	3.964	0.582	2.640	5.160	3.990
经济发展水平 RGDP	217	1.785	0.405	0.960	2.910	1.710
开放程度 OPEN（%）	217	0.237	0.233	0.008	1.041	0.125
财政自给率 SF（%）	217	0.461	0.190	0.093	0.926	0.429
人力资本 EDUA（年）	217	9.203	1.095	5.062	12.782	9.189
城镇化水平 CZS（%）	217	0.610	0.119	0.289	0.937	0.599
财政透明度 GFI	217	61.487	17.667	16.170	91.880	53.090
预算绩效管理改革 JXDX	217	0.267	0.243	0.000	1.000	0.166
国家审计 GJSJ	217	14.010	1.250	10.300	16.870	14.220

第四节 实证结果分析

一 基准回归分析

1. 个税改革与政府治理效率

表 4-2 报告了模型（4-1）的回归结果，使用的个税改革强度变量为第一种度量方式，即"2017 年各省份个人所得税收入占税收收入的比重"（IIT），第（1）至第（3）列回归结果的被解释变量分别为本章设定的政府治理效率的三个维度：政府回应性、政府绩效以及政府权力规范性。从第（1）至第（3）列估计结果来看，2018 年个税改革对政府治理效率存在显著影响。第（1）列估计结果显示，2018 年个税改革显著提升了政府行为的回应性，表明个税改革促使政府努力做到及时回应民众诉求，维护民众利益，高效解决民众面临的各种问题。第（2）列估计结果显示，2018 年个税改革促进政府绩效显著提升，表明政府不断提高其财政支出效率。实际上，个

税改革后，民众也非常关心政府是否乱花钱，是否将财政资金用到刀刃上，而第（2）列的结果表明个税改革在一定程度上促使政府更为关注合理有效地使用财政资金。第（3）列估计结果显示，2018年个税改革与政府腐败案件数量呈负相关关系，表明个税改革促进了政府权力运行的规范程度，个税改革所引致的民众对政府行为的民主监督是有效的。

表 4-2　　　　　　个税改革对政府治理效率的影响估计结果

	（1）	（2）	（3）
	政府回应性	政府绩效	政府权力规范性
	IIT	IIT	IIT
$RPIT_i \times Yearpost$	2.546** （2.204）	0.323*** （2.935）	−0.012* （−1.943）
RGDP	2.331** （2.205）	0.212* （1.792）	−0.289 （1.298）
OPEN	0.294* （1.827）	0.121** （1.994）	−0.006* （−1.790）
SF	0.173*** （2.903）	0.089* （1.817）	−0.019** （−2.121）
EDUA	0.086* （1.815）	0.240*** （4.078）	−0.007* （−1.861）
CZS	0.841 （1.206）	1.113** （1.931）	0.003 （0.317）
省份固定效应	Yes	Yes	Yes
时间固定效应	Yes	Yes	Yes
常数项	−1.147*** （−4.156）	0.743*** （4.489）	0.018*** （3.910）
N	217	217	217
Adj. R-Square	0.601	0.668	0.403

注：***、**、* 分别表示在1%、5%和10%水平显著，括号内为异方差稳健标准误对应的 t 值。下同。

同时，由表4-2汇报的结果可知：经济发展水平对政府治理效率产生显著积极影响，表明地区经济发展水平提高能够促进政府治理效率提升；开放程度对政府治理效率产生显著积极影响，表明地区开放程度提高能够促进技术引进和人才流动，从而促进政府治理效率提升；财政自给率对政府治理效率产生显著积极影响，表明财政自给率提升能够促进地方政府自由度提升，进而有助于改进地方政府治理效率；人力资本对政府治理效率产生显著积极影响，表明人力资本能促进本地区治理效率的提升；城镇化水平对政府治理效率产生积极的影响，表明城镇化水平提高能够促进政府治理效率提升。上述控制变量对政府治理效率的影响均与本章预期结果一致，一定程度上表明本研究可行有效。

2. 媒体关注效果的回归分析

表4-3报告了模型（4-2）的回归结果，反映了媒体关注个税改革对于政府治理效率的交互效应。第（1）、第（3）列回归结果显示，媒体关注对政府回应性和政府绩效的影响均显著为正，表明媒体关注的加入使得个税改革对政府回应性和政府绩效的积极作用更加明显，这是因为公共媒体通过消解政府与民众间的信息不对称，在个税改革影响政府治理的过程中起到了很好的放大作用，从而对政府回应性和政府绩效产生积极影响；第（5）列的回归结果显示，该指标对政府权力规范性的影响为负但不显著，表明媒体关注个税改革所引致的腐败治理作用发挥不明显，需进一步提升媒体关注，充分调动民众力量，有效监督政府行为。

第（2）、第（4）和第（6）列的回归结果反映了媒体关注个税改革对政府治理效率的交互效应。结果显示，媒体关注和个税改革交乘项对政府治理效率的三个维度指标均存在显著影响，对政府回应性、政府绩效和政府权力规范性的影响显著为正，表明媒体关注对个税改革的政策效果具有强化作用,表明二者具有协同效应,能够进一步促进政府治理效率提升。

表 4-3　　媒体关注与政府治理效率的交互效应估计结果

	（1）	（2）	（3）	（4）	（5）	（6）
	政府回应性		政府绩效		政府权力规范性	
	IIT	IIT	IIT	IIT	IIT	IIT
$RPIT_i \times Yearpost$	2.408** (1.962)	2.166* (1.802)	0.264** (1.966)	0.237** (2.288)	−0.014** (−2.229)	−0.012* (−1.820)
$MEDIA$	1.347* (1.756)	1.008** (1.733)	0.173* (1.816)	0.115* (1.781)	−0.004 (−0.859)	−0.003 (−1.193)
$MEDIA \times RPIT_{it} \times Yearpost$		1.251* (1.728)		0.366** (1.986)		0.005* (1.795)
控制变量	Yes	Yes	Yes	Yes	Yes	Yes
省份固定效应	Yes	Yes	Yes	Yes	Yes	Yes
时间固定效应	Yes	Yes	Yes	Yes	Yes	Yes
常数项	−1.787** (−2.279)	−1.944*** (−4.714)	0.469** (1.97)	0.884*** (3.002)	0.027*** (3.763)	0.039*** (3.554)
N	217	217	217	217	217	217
Adj. R-Square	0.680	0.677	0.698	0.684	0.460	0.447

二　稳健性检验

1. 更换核心解释变量

为保证本章研究结论的稳健性,对模型(4-2)个税改革政策变量进行替换,即使用 IDT 和 IDF 进行估计,所得结果如表4-4所示。

与表4-2和表4-3估计结果相比,表4-4中个税改革变量和媒体关注变量回归系数的大小和显著性没有发生显著变化,从而表明上述研究结论具有一定的稳健性,结论是有效的。

表 4-4　　稳健性检验：更换核心解释变量

	（1）	（2）	（3）	（4）	（5）	（6）
	政府回应性		政府绩效		政府权力规范性	
	IDT	IDF	IDT	IDF	IDT	IDF
$RPIT_i \times Yearpost$	2.009* （1.799）	1.849** （2.190）	0.270* （1.830）	0.258* （1.745）	−0.011* （−1.732）	−0.013* （−1.779）
MEDIA	1.660* （1.723）	1.536* （1.855）	0.124** （2.241）	0.117* （1.800）	−0.001 （−0.814）	−0.001 （−1.337）
$MEDIA \times RPIT_{it} \times Yearpost$	1.127* （1.801）	1.337** （2.238）	0.372* （1.793）	0.304* （1.817）	0.006 （1.088）	0.005* （1.724）
控制变量	Yes	Yes	Yes	Yes	Yes	Yes
省份固定效应	Yes	Yes	Yes	Yes	Yes	Yes
时间固定效应	Yes	Yes	Yes	Yes	Yes	Yes
常数项	−2.191** （−2.245）	−2.981*** （−3.508）	0.539*** （3.659）	0.581*** （3.430）	0.025** （2.241）	0.020** （2.261）
N	217	217	217	217	217	217
Adj. R-Square	0.656	0.664	0.681	0.663	0.493	0.409

2. 动态效应检验

表 4-5 报告了模型（4-3）的回归结果。在模型（4-1）基础上，对 2018 年个税改革前后 3 年时间（2015—2021 年）进行考察，以检验能否通过平行趋势检验，并考察个税改革对政府治理效率的影响是否存在动态效应。

在加入时间项后，个税改革之前（2018 年前），各省份间政府治理效率没有显著差异，说明样本在改革前具有共同时间趋势，并在 2019—2021 年的 3 年中所有估计结果的影响均显著，说明模型（4-1）和模型（4-2）估计结果是稳健的。个税改革措施于 2018 年 10 月才开始施行，导致 2018 年政府权力规范性指标并不显著。

表 4-5　稳健性检验：动态效应检验

	（1）	（2）	（3）
	政府回应性	政府绩效	政府权力规范性
	IIT	IIT	IIT
$RPIT_i \times Yearpost2015$	0.233 （0.108）	0.307 （0.653）	−0.010 （−1.566）
$RPIT_i \times Yearpost2016$	−0.137 （−0.230）	0.226 （1.190）	−0.007 （−0.949）
$RPIT_i \times Yearpost2017$	0.884 （0.911）	−0.132 （−1.221）	−0.013 （−1.290）
$RPIT_i \times Yearpost2018$	1.978* （1.852）	0.204* （1.769）	−0.013 （−1.489）
$RPIT_i \times Yearpost2019$	2.110 （1.363）	0.232** （2.397）	−0.015** （−2.223）
$RPIT_i \times Yearpost2020$	3.645** （1.992）	0.199* （1.857）	−0.018* （−1.840）
$RPIT_i \times Yearpost2021$	4.153* （1.782）	0.343* （1.729）	−0.027** （−2.217）
控制变量	Yes	Yes	Yes
省份固定效应	Yes	Yes	Yes
时间固定效应	Yes	Yes	Yes
常数项	−0.093 （−0.322）	0.522** （2.301）	0.039* （1.731）
N	217	217	217
Adj. R-Square	0.731	0.748	0.704

3. 传统 DID 估计

尽管表 4-2 至表 4-5 估计结果显示 2018 年个税改革对政府治理效率存在显著影响，但因为采用连续型变量，刻画的是改革冲击大小对政府治理效率的影响差异，故而从严格意义上讲，上述研究并未直接识别出个税改革对政府治理效率的影响效应。因此本章进一步采用经典双重差分法，构造 0—1 虚拟变量以区分处理组和控制组来直接识别个税改革的影响。但个税改革政策是在全国各省份同时施行，从而不存在严格意义上的控制组。但个税改革强度对于个税收入水平较低的省份而言，其实际影响有限，个税改革对经济社会的影响较小。本章借鉴李永友和王超①的做法，按照 IIT 指标的大小进行排序并分组，并将最靠近 IIT 均值的 10% 样本（3 个省份）予以剔除，以保证处理组与控制组间存在较大的差异度。由此，将处于排名靠前的 14 个样本省份作为处理组，排名靠后的 14 个样本省份作为控制组。表 4-6 报告了传统 DID 估计结果，发现本章主要变量的系数大小和显著性均有小幅度下降，但结果与基准回归不存在显著差异，说明 2018 年个税改革显著提升了政府回应性和财政支出效率，并提高了政府权力运行的规范程度，因此"个人所得税改革能够提升政府治理效率"这一研究结论可靠有效。

表 4-6　　　　　稳健性检验：传统 DID 估计结果

	（1）	（2）	（3）
	政府回应性	政府绩效	政府权力规范性
$RPIT_i \times Yearpost$	2.334* （1.813）	0.260* （1.797）	−0.008* （−1.773）
控制变量	Yes	Yes	Yes
省份固定效应	Yes	Yes	Yes
时间固定效应	Yes	Yes	Yes
常数项	−0.567 （−0.961）	0.869*** （3.598）	0.041** （2.331）

---

① 李永友、王超：《集权式财政改革能够缩小城乡差距吗？——基于"乡财县管"准自然实验的证据》，《管理世界》2020 年第 4 期。

	（1）	（2）	（3）
	政府回应性	政府绩效	政府权力规范性
N	196	196	196
Adj. R-Square	0.573	0.612	0.429

4. 排除同期政策影响

表 4-7 报告了模型（4-4）和模型（4-5）的估计结果，受篇幅所限，仅报告 IIT 对政府治理转型的影响结果。

估计结果显示，在控制"预算绩效管理改革"与"国家审计"政策的影响后，个税改革变量的估计结果依然显著。就两项改革本身对政府治理效率的影响而言，其作用均是积极的，这与于海峰等[①]、贺宝成和熊永超[②]的研究结论一致。预算绩效管理改革实质上是运用国家和政府所规定的必要规则来合理高效配置并使用财政资金，这将对提升政府治理效率产生直接影响。

表 4-7　　　　　稳健性检验：排除同期政策影响

	模型（4-4）			模型（4-5）		
	政府回应性	政府绩效	政府权力规范性	政府回应性	政府绩效	政府权力规范性
$RPIT_i \times Yearpost$	2.109* (1.851)	0.186** (2.007)	−0.013* (−1.921)	2.274** (2.389)	0.153* (1.846)	−0.005* (−1.829)
$JXDX_{it}$	1.168 (1.117)	0.062* (1.814)	−0.004* (1.919)			

---

① 于海峰、刘佳慧、赵合云：《预算绩效管理改革提升了政府治理效率吗？——基于多期双重差分模型的实证研究》，《中央财经大学学报》2021 年第 12 期。

② 贺宝成、熊永超：《国家审计如何影响政府治理效率？——基于 Tobit-SDM 模型的空间计量分析》，《审计与经济研究》2021 年第 6 期。

续表

	模型（4-4）			模型（4-5）		
	政府回应性	政府绩效	政府权力规范性	政府回应性	政府绩效	政府权力规范性
$GJSJ_{it}$	0.519* （1.826）	0.322 （1.177）	−0.011** （2.223）			
$RPIT_i \times Yearpost \times JXDX_{it}$				1.477* （1.838）	0.094* （1.837）	0.009 （0.390）
$RPITi \times Yearpost \times GJSJ_{it}$				0.401* （1.884）	0.129 （0.719）	0.062*** （4.779）
控制变量	Yes	Yes	Yes	Yes	Yes	Yes
省份固定效应	Yes	Yes	Yes	Yes	Yes	Yes
时间固定效应	Yes	Yes	Yes	Yes	Yes	Yes
常数项	1.273** （1.944）	0.445** （2.262）	0.059*** （3.988）	−0.493** （−2.215）	0.727*** （4.372）	0.122** （2.219）
N	217	217	217	217	217	217
Adj. R-Square	0.714	0.726	0.627	0.699	0.711	0.619

同时，近年来国家审计力度不断加强，在此情况下，地方政府迫于国家审计监督压力，会进一步规范其政府行为，科学合理编制政府预算，并进一步规范预算调整和财政支出行为，有效遏制不合理的支出和浪费行为，从而对政府治理效率产生积极影响。进一步的分析表明，预算绩效改革、国家审计与个税改革强度的交互项均存在显著为正的情况，表明这两项政策对个税改革政策效果有强化作用。

经过上述一系列回归分析，本章两个理论假说得到了证实，即2018年个税改革与政府治理效率正相关，2018年个税改革显著提升了政府治理效率。基于此，本章将进一步检验2018年个税改革影响政府治理效率的作用机制。

三 机制识别

个税改革可以通过改善地方政府财政透明度来提升政府治理效率。首先，个税改革能够促进财政透明度提升。民众诉求能否推动地方财政信息的公开透明，其基础在于是否存在有效的民众诉求表达渠道。[①]个税改革通过中国人大网向社会公开征求意见即提供了这一民众诉求表达渠道。民众与地方政府良性互动越多，参政热情越高，对政府财政信息的关注度越高，获取财政信息的需求越强烈，越能够促使地方政府提高财政透明度。[②]其次，财政透明度提升能够促进政府治理效率提升。政府提高财政透明度，能够畅通民众与政府间的沟通机制，保证民众更便捷和全面地了解政府活动，更好地发挥其民主监督职能，提升政府治理效率。

为此，本章将财政透明度设置为中介变量，检验2018年个税改革能否通过对财政透明度产生作用来提升政府治理效率，即财政透明度对于个税改革与政府治理效率之间的影响机制是否存在中介效应。参考温忠麟和叶宝娟[③]的中介效应三步法，构建三步中介效应模型。

$$EFFI_{it} = \beta_0 + \beta_1 RPIT_i \times Yearpost + \rho X_{it} + \alpha_i + \mu_t + \varepsilon_{it} \quad (4-6)$$

$$GFI_{it} = \beta_0 + \beta_1 RPIT_i \times Yearpost + \rho X_{it} + \alpha_i + \mu_t + \varepsilon_{it} \quad (4-7)$$

$$EFFI_{it} = \beta_0 + \beta_1 RPIT_i \times Yearpost + \beta_2 GFI_{it} + \rho X_{it} + \alpha_i + \mu_t + \varepsilon_{it} \quad (4-8)$$

[①] 朱颖、赵颖博、邓淑莲、李奇璘：《公众诉求与地方财政透明度——基于中国省级面板数据的经验分析》，《财经研究》2018年第11期。

[②] Piotrowski S. J., Ryzin G. G. V., "Citizen Attitudes Toward Transparency in Local Government", *American Review of Public Administration*, 2007(3): 306–323.

[③] 温忠麟、叶宝娟：《中介效应分析：方法和模型发展》，《心理科学进展》2014年第5期。

其中，财政透明度（GFI）为中介变量，被解释变量政府治理效率依然使用政府回应性（GRES）、政府绩效（GPER）和政府权力规范性（GLAW）来衡量。为保证模型有效性，该回归将"媒体关注"与个税改革强度的交乘项引入控制变量。本章采用逐步检验的方式，若模型（4-7）中 β_1 和模型（4-8）中 β_2 均显著，则存在中介效应。本章财政透明度（GFI）数据使用清华大学课题组编制的《中国城市政府财政透明度研究报告》数据，各省份数据采用该省份各城市财政透明度的均值。

中介效应检验结果汇报于表4-8。第（1）列个税改革对财政透明度的影响系数显著为正，表明2018年个税改革对财政透明度产生显著正向影响，即个税改革能够促进政府提高财政透明度，这主要是因为基于政府与民众双向互动的个税改革显著提升了民众参政热情，民众对政府财政信息的关注度提高，获取财政信息的需求更加强烈，从而促使地方政府提升其财政透明度。

第（2）至第（3）列检验了财政透明度对个税改革与政府回应性之间的影响是否存在中介效应；第（3）列财政透明度系数也显著为正，说明2018年个税改革可以通过促进政府提升财政透明度进而提升政府行政效率，即此中介效应成立。第（4）至第（5）列检验了财政透明度对个税改革与政府绩效之间的影响是否存在中介效应；第（5）列的结果显示，2018年个税改革可以通过改善财政透明度来提升政府绩效，即财政透明度的中介效应成立。第（6）至第（7）列检验了财政透明度对个税改革与政府权力规范性之间的影响是否存在中介效应；第（7）列的结果显示，2018年个税改革可以通过改善财政透明度来提升政府权力规范性，中介效应成立。

表 4-8　　机制检验：中介效应

被解释变量	GFI	政府回应性		政府绩效		政府权力规范性	
	（1）	（2）	（3）	（4）	（5）	（6）	（7）
$RPIT_i \times Yearpost$	7.447** (2.179)	2.166* (1.802)	1.764* (1.830)	0.237** (2.288)	0.139* (1.777)	−0.012* (−1.820)	−0.007** (−2.207)
GFI_{it}			0.054* (1.792)		0.013* (1.828)		−0.001* (−1.921)
控制变量	Yes	Yes	Yes	Yes	Yes	Yes	Yes
省份固定效应	Yes	Yes	Yes	Yes	Yes	Yes	Yes
时间固定效应	Yes	Yes	Yes	Yes	Yes	Yes	Yes
常数项	3.591** (2.220)	−1.944*** (−4.714)	−1.966** (−2.170)	0.884*** (3.002)	0.887*** (3.886)	0.039*** (3.554)	0.034*** (3.639)
N	217	217	217	217	217	217	217
Adj. R-Square	0.469	0.677	0.678	0.684	0.671	0.447	0.451

四　结论性分析

本章立足 2018 年个税改革，以中国 31 个省级政府为研究对象，在深入分析个税改革影响政府治理效率的内在机理基础上，通过构造连续型冲击变量，实证检验了个税改革对政府治理效率的影响。第一，理论研究表明，2018 年个税改革通过提升民众参政意识，并转化为民众对政府活动的民主监督，促使政府对民众做出有效回应，进而提升政府治理效率。第二，利用强度 DID 模型和传统 DID 模型实证研究发现，2018 年个税改革确实促进了政府治理效率显著提升；在引入媒体关注指标后，政府治理效率进一步提高；通过一系列的稳健性检验，控制同期相关改革和政策影响后该结论依然成立，表明研究结论稳健可靠。第三，利用面板中介模型实证研究发现，2018 年个税改革可以通过对财政透明度中介变量产生作用来提升政府治理效率。

  2018年个税改革是现代财政制度建设的重要内容，对于助推国家治理体系和治理能力现代化具有重要作用。要发挥个税改革等财税制度改革对于提升政府治理效率的作用，要注意三个方面的问题：第一，持续畅通政府与民众的沟通机制。充分发挥"省（市）长信箱"、"我向省（市）长建言"、12345政务服务热线及信访平台等沟通平台的效能，持续畅通并拓宽政府与民众的互动渠道，高度重视并发挥媒体关注的重要作用，规范和强化媒体信息中介功能的发挥，促进政府更好地服务民众。第二，必须坚持科学民主决策。特别是对涉及广大民众利益的政策、规划及项目决策，必须认真听取并了解群众诉求，对民众所反映的热点难点问题必须进行积极有效回应，持续提升公共事务决策的质量及效率。第三，全面推进政务公开工作，提升政府工作和财政透明度。进一步强化个税改革所带来的民众监督能力提升，持续健全全过程人民民主，把政府的行政行为置于人民群众的有效监督之下，将政府权力关在笼子里，让权力在阳光下运行。①

---

① 周克清、吴近平：《个人所得税改革提升了政府治理效率吗——基于政府与民众的双向互动机制》，《财经科学》2023年第8期。

第五章　个税改革与社会治理转型：秩序维护与活力激发

第一节　问题的提出

社会治理是国家治理和基层治理的关键环节，在预防和化解社会风险中具有重要作用。社会治理现代化是全面建设社会主义现代化国家的题中应有之义，是中国式现代化的内在组成部分。自党的十八届三中全会将"社会管理"发展为"社会治理"以来，党和国家高度重视社会治理。党的二十大更是站在推进国家安全体系和能力现代化的战略高度，将社会治理现代化纳入维护国家长治久安的顶层设计之中。党的二十大报告明确指出，"完善社会治理体系。健全共建共治共享的社会治理制度，提升社会治理效能。……畅通和规范群众诉求表达、利益协调、权益保障通道，……建设人人有责、人人尽责、人人享有的社会治理共同体"[①]，这标志着中国社会治理现代化进入了新时代新征程。

财政是国家治理的基础和重要支柱，现代财政制度建设对国家治理和社会治理具有根本性作用。个人所得税作为中国最重要的直接税制度，是现代财政制度的重要内容。2018年8月31日，全国人大常委会表决通过了《关于修改〈中华人民共和国个人所得税法〉

---

① 习近平：《高举中国特色社会主义伟大旗帜　为全面建设社会主义现代化国家而团结奋斗——在中国共产党第二十次全国代表大会上的报告》，人民出版社2022年版，第54页。

的决定》，提高了费用扣除标准、增加了专项附加扣除，实现了分类所得税制向混合所得税制的转变。此次个人所得税制度的改革，引发了广大民众的广泛关注和深入参与，极大地提升了广大民众对国家治理和社会治理的关注度，在一定程度上重塑了政府与民众之间的相互关系。在参与个人所得税改革的过程中，民众是否提高了纳税意识和纳税主动性，是否加深了对政府活动的理解和认同，是否因此更有动力积极参与政府活动，进而推进了社会治理现代化呢？本章尝试揭示"社会治理现代化"的逻辑内涵，在此基础上深入分析个税改革对社会治理现代化的影响机制与路径，试图总结相关经验，探寻下一步个税改革的最佳路径，从而更好地助力社会治理现代化的持续推进。

学界关于个税改革和社会治理现代化两个议题的研究均已取得大量学术成果。就个税改革而言，学者更加关注个税改革的路径与方向、经济影响和政治影响等方面：一是个税改革的路径与方向。高培勇[1]认为个人所得税改革必须在价值导向上注重公平并兼顾效率。周全林[2]认为要充分发挥个人所得税调节收入公平分配的功能，逐步缩小贫富差距，实现社会公平目标。匡小平和熊高鹏[3]认为应扩大纳入综合征税的所得范围，完善专项附加扣除项目，建立具有分配正义功能的个人所得税制度，促进共同富裕目标实现。二是个税改革的经济影响。叶菁菁等[4]认为个人所得税改革有助于总体劳动供

---

[1] 高培勇：《迈出走向综合与分类相结合个人所得税制度的脚步》，《中国财政》2011年第18期。

[2] 周全林：《从税收公平角度看我国个人所得税制的全面性改革》，《当代财经》2010年第11期。

[3] 匡小平、熊高鹏：《中国现代财政制度建设的时代背景、理论基础和主要内容——对党的二十大关于深化财税改革的思考》，《当代财经》2023年第1期。

[4] 叶菁菁、吴燕、陈方豪、王宇晴：《个人所得税减免会增加劳动供给吗？——来自准自然实验的证据》，《管理世界》2017年第12期。

给的提高，但不利于居民收入差距的减小。林志建等①认为个人所得税改革促进了居民家庭消费升级，尤其对较高收入家庭和城镇家庭消费升级促进效应更为显著。三是个人所得税改革的政治影响。周克清和吴近平②认为个人所得税改革推动了政府与民众间的良性互动，促进了政府治理效率显著提升。

关于社会治理及其现代化的研究，学界认为"社会治理"存在广义和狭义之分。广义理论认为，社会治理中的"社会"是"大社会"，是一种社会形态，经济建设、政府管理、法治建设和文化治理等均属于社会治理的内容。③狭义理论认为，社会治理是指对"社会"范围内出现问题的协商共治，需要社会民众积极参与，并依法依规配合政府解决社会问题，因此需要将社会治理与政府管理、经济建设、文化治理等区分开来。④基于此，广义理论认为，社会治理现代化需要加强政治、经济、文化和法治建设，并完善社会制度的顶层设计。⑤而狭义的社会治理现代化则强调充分发挥多元主体作用，以公平正义为准绳，协调各方利益关系，有效维持社会秩序并激发社会活力，从而促进个人与社会的和谐发展。⑥⑦⑧

---

① 林志建、张楠、杨琳：《个人所得税减税政策对居民家庭消费升级的影响——基于中国家庭追踪调查数据的分析》，《税收经济研究》2023年第4期。
② 周克清、吴近平：《个人所得税改革提升了政府治理效率吗——基于政府与民众的双向互动机制》，《财经科学》2023年第8期。
③ 杨宜勇：《全面开启中国社会治理现代化新征程》，《人民论坛·学术前沿》2018年第3期。
④ 何阳、娄成武：《市域社会治理现代化的理论蕴涵及建构路径》，《求实》2021年第6期。
⑤ 杨宜勇：《全面开启中国社会治理现代化新征程》，《人民论坛·学术前沿》2018年第3期。
⑥ Nag, Shankar N., "Government, Governance and Good Governance", *Indian Journal of Public Administration*, 2018, 64(1): 122-130.
⑦ Parreas R. S., "Discipline and Empower: The State Governance of Migrant Domestic Workers", *American Sociological Review*, 2021, 86(6): 1043-1065.
⑧ 田发、周琛影：《现代社会治理：一个财政体制的分析框架》，《当代财经》2017年第3期。

目前，国内分析个税改革对社会治理现代化影响的文献相对较少。当然，随着国家治理现代化进程的全面推进，部分学者已经开始关注个税改革对社会治理的重要作用。比如，汪昊[①]认为，2018年个税改革必将促进民众对政府活动的理解，提升纳税主动性，进而推动中国社会治理现代化。施正文[②]认为，新个人所得税的实施将从多方面塑造个人、社会和国家的关系，提升社会治理能力，推动社会治理现代化。马珺[③]认为新个人所得税制度体现了以纳税人为中心的新征管理念，是公权力与普通公民的一次正面接触，也因此赢得了广大纳税人的理解和高度配合，有效助力社会治理现代化的推进。

总体来看，目前对个税改革与社会治理的相关研究主要是基于理论层面的规范分析，尚未对个税改革影响社会治理现代化的内在机理进行系统性的研究。为此，本书在厘清社会治理现代化逻辑内涵的基础上，深入分析了个税改革与居民纳税遵从意愿、居民政府信任、居民参政意愿和居民参政行为四者之间的内在逻辑，并进一步分析验证了个税改革助推社会治理现代化的传导机制，从而为中国式现代化背景下个人所得税制度优化提供了依据。

第二节 理论分析

一 社会治理现代化的理论内涵

社会治理是对"社会"范围内出现问题的协同共治，社会治理

---

① 汪昊：《个税改革，为国家治理现代化铺路——本轮税改的几个突破》，《人民论坛》2018年第25期。
② 施正文：《迈向税收征管现代化的里程碑式改革》，《国际税收》2021年第10期。
③ 马珺：《个人所得税综合所得年度汇算：推进税收治理现代化的中国实践》，《国际税收》2021年第7期。

现代化的重要目标是建设和谐有序且充满活力的社会。①② 关于如何达成此目标，党的二十大报告明确指出，要完善社会治理体系，健全共建共治共享的社会治理制度，即通过"共建共治共享"来构建一个和谐有序且充满活力的社会。其中，共建共治一方面强调民主政治，即多元主体共同合作治理社会事务；另一方面强调法治建设，要求民众有效参与立法和政府严格依法行政。共享强调共享式治理，即政府与民众均能享受现代公共行政带来的便利高效，尤其强调通过科学技术手段实现治理数据开放共享，提升数字治理能力。因此，新时代社会治理现代化必须以民主政治、法治建设和现代公共行政为重点，有效推动政府与民众间的良性互动，最终构建一个和谐有序且充满活力的社会。

社会秩序的实现有两大前提：安全与稳定。政府为实现社会的安全与稳定需要拥有社会动员和社会控制的能力。拥有社会动员能力可以抵御外敌入侵，应对突发灾情。拥有社会控制能力可以有效管理各种社会力量，使其遵从社会规范。若政府遵循"共建共治共享"社会治理原则，积极推进民主政治和法治建设，毋庸置疑会使民众增加对政府活动的理解与支持，其社会动员能力和社会控制能力会因此而增强。居民纳税遵从意愿可以有效衡量政府的财政资源动员能力或汲取能力，居民纳税遵从意愿高，则政府财政动员能力强；居民政府信任可以有效衡量政府整合社会资源的能力，居民政府信任度高，则政府整合社会资源的能力强。因此，可以从居民纳税遵从意愿和居民政府信任两个方面来考察社会秩序。

社会治理是民众共同协商解决社会问题并化解社会矛盾的活动。

---

① 丁元竹：《推进社会治理现代化的基本思路》，《北京师范大学学报》（社会科学版）2016年第2期。

② 李建伟、王伟进：《社会治理的演变规律与我国社会治理现代化》，《管理世界》2022年第9期。

社会活力的激发需要赋予民众充分的思想自由与行为自由，保证民众参与政治并建言献策的权利，从而有效协调社会关系，解决社会问题，推动社会持续稳定发展。思想自由是社会活力之源，行为自由是社会活力的核心动力。只有思想自由，广大民众才会有参政意愿，才能积极建言献策并将民意民智转化为社会活力的强大源泉。只有行为自由，民众才会实际参政议政，其参政意愿才能转化为实际的行动，从而为社会发展增添动力。若政府遵循"共建共治共享"社会治理原则，建立健全民众参与治理的制度化渠道，民众智慧才能体现到社会治理中，社会活力才能有效激发。居民参政意愿可以衡量思想自由程度，居民参政行为可以衡量行为自由程度。因此，可以从居民参政意愿和居民参政行为两个方面来考察社会活力。

二　个税改革与社会治理现代化

1. 个税改革与居民纳税遵从意愿

个税改革主要通过两条路径提升居民纳税遵从意愿：第一，通过公平关切提升纳税遵从意愿。2018年个税改革综合考量横向平等和纵向平等，基于"调高、扩中、提低"的收入分配框架，一方面，维持综合所得45%的最高边际税率，对高收入群体的调节力度保持不变；另一方面，通过扩大综合所得20%以下各档次税率级距，扩大生产经营所得税率级距，有效降低中低收入群体的税收负担，体现了对广大中低收入群体的公平关切。毋庸置疑，2018年个税改革大大提高了税收负担分配的公平性，充分考虑了不同民众生活负担差异和个人发展诉求，进一步满足了广大民众对社会公平正义的期待，因此民众也更加愿意主动配合税务部门依法纳税，其纳税遵从意愿提升。第二，通过数字赋能与信息共享提升民众的纳税遵从意愿。在个人所得税征管上，税务机关建立了"一人涉税数据档案"，基于自然人身份信息认证，通过政府部门间数据共享，综合整理自然人单位、家庭、收入等信息，并按照逻辑关系进行结构重塑，为自然人提供个人所得税年度对账服务和提醒服务，有效约束了纳税人的纳税行为。换句话说，现代征管技术的出现，在一定程度上促使纳税人必须依法纳税，提升其纳税遵从意愿。

H5-1：2018年个税改革能够促进居民纳税遵从意愿提升，有效维护社会秩序。

2. 个税改革与居民政府信任

居民政府信任是指民众对政府作为是否符合自身期望的主观判断，即民众对政府履行其职责情况的评价。①2018年个税改革过程中，政府与民众良性互动、税收法定以及依法治税都在不同程度上提高了居民政府信任。第一，个税改革在较大程度上尊重民众的诉求，提升了居民政府信任。《个人所得税法》正式修订前，全国人大常委会主动征集社会意见，并对民众呼声较高的意见予以部分采纳，通过该诉求表达渠道，民众能够在制度规则层面充分表达，有利于民众认可其与政府间的契约，对政府的信任度得以提升。第二，税收法定意味着税法由立法机关来制定，税法的公信力得到提升。《个人所得税法》由全国人大常委会以法律的形式确立，提升了民众对个人所得税征管的认可度，有效提升了居民政府信任。第三，税务机关严格依法治税提高了居民政府信任。税务机关严格依法行政，即严格依照法律规范来行使权力和开展工作，才能有效贯彻立法宗旨，树立法律权威，使税法得到公正执行和普遍遵从，以此才能真实有效提升政府的公信力。个税改革在征管技术上，推出个人所得税App，实现了所有关键业务的数字化，税务部门以人工智能为抓

---

① 刘米娜、杜俊荣：《转型期中国城市居民政府信任研究——基于社会资本视角的实证分析》，《公共管理学报》2013年第10期。

手,实施"机器预审＋人工复核"模式,有效约束了征管机构的自由裁量权。由此,征管机构严格按照法定权限和法定程序行使权力,有利于提升居民政府信任。

H5-2:2018年个税改革能够促进居民政府信任提升,有效维护社会秩序。

3.个税改革与居民参政意愿

党的十九届四中全会部署推进国家治理体系和治理能力现代化,要求"建设人人有责、人人尽责、人人享有的社会治理共同体",完善党委领导、政府负责、民主协商、社会协同、公众参与、法治保障、科技支撑的社会治理体系。显而易见,党中央该项决策部署的目的正是要激发社会活力,全面调动民众的积极性,以保证国家生产生活平稳有序,让平安中国建设迈向更高水平。2018年个税改革通过广征民意和有效回应两个路径,极大地激发了民众的政治参与意愿。第一,民众的参政热情及参政意愿在其参与个税改革的过程中得以提升。2018年个税改革是各方社会主体参与共同建设的税收制度改革,《个人所得税法》正式修订前,全国人大常委会主动征集社会意见,民众通过该诉求表达渠道能够在制度规则层面充分表达,有利于激发民众的参政热情,促进其政治参与意愿提升。第二,民众的参政热情及参政意愿在其感受到个税改革的实际成效时得以提升。全国人大常委会对民众呼声较高的意见予以部分采纳,说明政府听到了民众的声音与诉求并且给予了正面的回应,民众会更加关注国家的政治经济事务,更加关注政府信息,其参政意愿也会因此而提升。

H5-3:2018年个税改革能够促进居民参政意愿提升,有效激发社会活力。

4. 个税改革与居民参政行为

居民参政意愿主要考察居民政治生活参与度的心理倾向，而居民参政行为则强调其政治参与行为的实际实施。广大民众积极参与个税改革，在得到政府回应后，又将引导其进一步有序参与其他政治活动。2018 年个税改革前，全国人大常委会通过中国人大网向社会征求意见，民众通过此渠道积极建言献策，表达诉求。民众参与个人所得税改革并取得实际成效之后，会更加广泛有序参与政治活动。总而言之，2018 年个税改革能够推动民众进一步广泛参与政治活动，积极表达诉求。

H5-4：2018 年个税改革能够促进居民参与政治活动，有效激发社会活力。

第三节　实证策略与变量选择

一　实证策略

考虑到被解释变量社会治理现代化采用 0—1 变量和有序虚拟变量来度量，本书选择有序多项（Ordered Probit）模型和二元选择（Probit）模型来讨论个税改革对社会治理现代化的影响。考虑被解释变量可能会受到民众所处地区的影响，因此，在模型设定中加入省份虚拟变量。模型设定如下：

$$Governance_i = \alpha_0 + \alpha_1 Reform_i + \sum_j \alpha_j Control_i + Prov_i + \varepsilon_i \quad (5-1)$$

其中，i 表示居民；j 表示控制变量个数；$Governance_i$ 表示社会治理现代化，包括 4 个子指标：居民纳税遵从意愿、居民政府信任、居民参政意愿和居民参政行为；$Reform_i$ 是核心解释变量，表示"个税改革"；$Control_i$ 表示控制变量合集；$Prov_i$ 表示省份虚拟变量；

α_0、α_1、α_j 表示待估系数；ε_i 表示随机扰动项。

二 变量选择

1.被解释变量

本章的被解释变量包含四个变量，即以居民纳税遵从意愿和居民政府信任来衡量社会秩序，以居民参政意愿和居民参政行为来衡量社会活力。居民纳税遵从意愿，即居民积极配合税务机关并依法履行纳税人义务的主观心理态度。借鉴郝晓薇等[①]的做法，对该指标进行量化衡量。选取问卷中"您认为在当前我国个人收入不申报纳税的情况是否经常发生？"，对该问题回答"经常""有时""偶尔""很少"和"没有"分别赋值为 1、2、3、4、5，分值越高表示居民纳税遵从意愿越高。

居民政府信任，即居民信任政府以及维护政府的程度。选取问卷中"对于一些社会焦点问题，如果政府的说法和网上的传言不同，宁可相信网上的传言"，对于该论述回答"完全同意""比较同意""无所谓同不同意""比较不同意""完全不同意"分别赋值为 1、2、3、4、5，分值越高表示居民政府信任度越强。

居民参政意愿，即居民主观愿意参与国家事务的程度。受研究数据限制，本章以居民的主观参政可及度来替代衡量。一般而言，居民的政治参与意愿与其主观参政可及度呈显著正相关关系。若居民认为政府行为受其参政行为影响程度越深，则居民政治参与意愿越强烈，即居民主观参政可及度越大，其参政意愿越强烈。[②]据此，选取问卷中"如果国家正在制定一项法律，是关于拆迁、环保、汽

[①] 郝晓薇、杨帆、王文甫：《财政透明度会提高居民纳税遵从意愿吗？》，《中国软科学》2022 年第 6 期。

[②] 殷健康：《如何理解与把握"参政议政愿望和能力"》，《中国统一战线》2015 年第 8 期。

车限行、个人所得税等与您个人利益密切相关，您向制定该法律的有关方面提出的意见或建议，在立法中得到反映或得到反馈的难度如何"，对于该问题回答"非常困难""比较困难""一般""比较容易""非常容易"分别赋值为 1、2、3、4、5，分值越高，表示居民主观参政可及度越高，政治参与意愿越强。

居民参政行为，反映居民实际参与国家事务的程度。选取问卷中"上次居委会选举／村委会选举，您是否参加投票"，对于该问题的回答为"是""否""没有投票资格"，本章将回答"否"和"没有投票资格"赋值为"0"，表示居民未参与政治活动；回答"是"赋值为"1"，表示居民参与政治活动。

2. 核心解释变量

本章的核心解释变量为个税改革。借鉴冯楠等[①]和蔡倩[②]的研究，设置是否受个税改革影响的虚拟变量 $Reform_i$。由于 2018 年个税改革将每月免征额（或费用扣除标准）由 3500 元提高至 5000 元，因此可构造一个虚拟变量用以判断是否受个税改革影响，将月收入在 3500 元及以上的个人赋值为 1，月收入始终在 3500 元以下的个人赋值为 0。其中，月收入采用居民税前月收入扣除三险一金后的收入来衡量。

由于大部分劳动者的收入主要来源于工资薪金所得，因此本章选取 CGSS2015 数据库中个人税后月平均工资样本进行研究，并依据 2015 年所属税制换算得出税前月平均工资收入，采用税前月收入扣除三险一金后的收入来衡量，具体根据以下应纳税额计算公式推出：

---

① 冯楠、韩树煜、陈治国：《人口老龄化背景下个人所得税改革对劳动供给的影响》，《税务与经济》2021 年第 5 期。

② 蔡倩：《减税降费有助于缩小中国家庭经济不平等吗——来自 2011 年个税改革的证据》，《南方经济》2022 年第 7 期。

应纳税额 =（税前月收入 – 税前月收入 × 三险一金个人缴纳比例 –3500）× 税率 – 速算扣除数 = 税前月收入 – 税前月收入 × 三险一金个人缴纳比例 – 税后收入

其中,"三险一金"费率按绝大部分省份规定进行计算,即三险扣 10.5%,公积金扣 12%。

此外,为更好地衡量受个税改革影响程度差异,借鉴徐润和陈斌开①、郑学步和薛畅②的研究,本章通过模拟计算出 2018 年个人所得税改革前后的个人劳动所得应纳税额,以二者相减计算得到应纳税额变化,再按照应纳税额变化设置个人所得税改革虚拟变量。

具体测算方法如下:①以 CGSS2015 调查数据中的个人收入数据为基础,并按照上述方法测算出个人税前收入数据,并以该数据作为个人所得税税基,测算出个税改革前后的月应纳税额,即分别按照 2011 年个人所得税法和 2018 年个人所得税法计算出每个个体的应纳税额,对应为个税改革前应纳税额和改革后应纳税额;②计算每个样本的个税改革冲击,即个税改革冲击 = 个税改革前应纳税额 – 个税改革后应纳税额;(3) 若个税改革冲击的绝对值为正值,则表示该样本受到个税改革冲击,标记为 1,否则为 0,并以该指标进行稳健性检验。

3. 中介变量

本章选取社会公平感知和政务公开感知两个变量作为中介变量,分析个税改革能否通过社会公平感知和政务公开感知影响社会治理现代化。

社会公平感知,即民众对整个社会运行规则公正程度的认识感

---

① 徐润、陈斌开:《个人所得税改革可以刺激居民消费吗?——来自 2011 年所得税改革的证据》,《金融研究》2015 年第 11 期。

② 郑学步、薛畅:《个人所得税改革对纳税人遵从行为的影响——基于倾向得分匹配方法的实证分析》,《税务研究》2020 年第 9 期。

知。选取问卷中"总的来说,您认为当今社会公不公平",对该问题回答"完全不公平""比较不公平""说不上公平但也不能说不公平""比较公平""完全公平"分别赋值为1、2、3、4、5,分值越高表示社会公平感知越强。

政务公开感知,即对民众是否能够了解国家政治经济事务以及了解程度的测度。选取问卷中"如果国家正在制定一项法律,是关于拆迁、环保、汽车限行、个人所得税等与您个人利益密切相关的,您了解正在审议的法律草案内容的难易程度如何",对该问题回答"非常困难""比较困难""一般""比较容易""非常容易"分别赋值为1、2、3、4、5,分值越高表明政务公开感知越强。

4.控制变量

本章借鉴甄浩和贾男[①]的研究,分别引入个体、家庭及社会三类特征变量。个体特征包括性别、年龄、民族、宗教信仰、受教育年限、政治面貌、身体健康状况和主观社会地位八个变量。其中,年龄为该年(2015年)减去出生年份加1所得的值;受教育年限以实际学历最高年限为刻画标准;身体健康状况是对身体总体健康状况的自我评估。家庭特征包括家庭成员数量和家庭房产数量两个变量。社会特征主要选取了法治水平变量。具体变量定义见表5-1。

表5-1 变量定义及描述性统计

变量名称	变量	中位数	均值	标准差	最小值	最大值
居民纳税遵从意愿	1、2、3、4、5,数值越高表示居民纳税遵从意愿越强	2.000	2.511	1.087	1.000	5.000
居民政府信任	1、2、3、4、5,数值越高表示居民政府信任度越高	4.000	3.572	1.355	1.000	5.000

---

① 甄浩、贾男:《机器人使用加剧了农村劳动力回流吗》,《当代财经》2022年第12期。

续表

变量名称	变量	中位数	均值	标准差	最小值	最大值
居民参政意愿	1、2、3、4、5，数值越高表示居民参政意愿越强	3.000	3.117	1.014	1.000	5.000
居民参政行为	0表示未参政，1表示参政	1.000	0.556	1.212	0.000	1.000
个税改革	0表示"居民月收入＜3500" 1表示"居民月收入≥3500"	1.000	0.681	1.327	0.000	1.000
性别	0表示居民为男性，1表示居民为女性	1.000	0.525	0.499	0.000	1.000
年龄	"2015－出生年份+1"表示居民年龄	53.000	53.440	15.25	19.000	95.000
民族	0表示居民为汉族，1表示居民为少数民族	0.000	0.073	0.260	0.000	1.000
宗教信仰	0表示居民无宗教信仰；1表示居民有宗教信仰	0.000	0.109	0.324	0.000	1.000
受教育程度	0、6、9、12、15、16、19分别表示居民受教育年限为未接受教育、小学、初中、高中或中专或技校、专科、本科、研究生及以上	9.000	8.669	4.439	0.000	19.000
政治面貌	1表示居民为共产党员、民主党派、共青团员；0表示其他居民	0.000	0.150	0.351	0.000	1.000
身体健康状况	1、2、3、4、5分别表示很不健康、比较不健康、一般、比较健康、很健康	4.000	3.593	1.062	1.000	5.000
主观社会地位	1、2、3、4、5，数值越高表示主观社会地位越高	3.000	2.784	1.339	1.000	5.000
家庭成员数量	家庭成员数量	3.000	2.972	1.400	1.000	12.000
家庭房产数量	家庭房产数量	1.000	1.120	0.597	0.000	8.000
法治水平	1、2、3、4、5分别表示总是于法无依、通常于法无依、一般、通常于法有依、总是于法有依	4.000	3.569	0.846	1.000	5.000

续表

变量名称	变量	中位数	均值	标准差	最小值	最大值
社会公平感知	1、2、3、4、5 分别表示完全不公平、比较不公平、说不上公平但也不能说不公平、比较公平、完全公平	4.000	3.775	0.997	1.000	5.000
政务公开感知	1、2、3、4、5，分值越高表明政务公开感知越强	3.000	3.104	1.121	1.000	5.000

三 数据来源

本章的研究数据来源于中国综合社会调查（CGSS2015）。中国综合社会调查项目是中国历史最悠久、影响力最大、持续时间最长、成果最多的重要社会调查项目，由中国人民大学中国调查与数据中心负责具体执行，全国各地 25 家高校及科研院所参与实地调研。该数据覆盖了除西藏、新疆、海南、香港、澳门和台湾以外的全国 28 个省级行政区划的 478 个村居，[①]有效问卷共 10968 份。与 CGSS2010、CGSS2013 和 CGSS2018 等调查数据相比，CGSS2015 调查数据除了 A 部分核心模块以外，还加入了 B 部分经济态度和行为评价的十年回顾模块，以及 D 部分国际调查模块。本章所关注的社会治理现代化相关问题出现在 B 部分问卷和十年回顾模块中。根据研究需要，本书剔除了主要变量缺失的样本，得到有效样本 2234 个。

具体而言，本书选用 CGSS2015 调查数据进行研究，主要基于如下原因：一是与 CGSS 其余年份数据相比，CGSS2015 调查加入了十年回顾模块，而该十年回顾模块所涉及的部分居民经济态度和行为评价与本书问题契合。在这次调查的问卷中，设计者对居民纳税遵从意愿、社会公平感知和政务公开感知等变量的定义和测量与本

---

① 村委会和居委会的缩略语。

书一致，为本书提供了数据基础。二是囿于面板数据难以获取，本书选用此截面数据进行研究，需要基于居民收入数据按照新旧个人所得税法测算居民所需缴纳的个人所得税，而CGSS2015收入数据是本章能获取的、契合本研究的、距离2018年新个税法颁布时间最近的数据，使用CGSS2015收入数据基于2018年新个税法模拟测算个人所得税能够尽量减少度量偏误。

四　描述性统计

表5-1报告了变量的描述性统计结果。在社会秩序方面，居民纳税遵从意愿均值为2.511，表明中国居民纳税遵从意愿总体偏低，标准差为1.087，表明不同居民的纳税遵从意愿存在较大差异；居民政府信任均值为3.572，表明居民政府信任度较高，标准差为1.355，表明不同居民个体的居民政府信任存在较大的差异。社会活力方面，居民参政意愿均值为3.117，标准差为1.014，表明民众对参与政治活动的态度存在一定差异；居民参政行为均值为0.556，表明民众的参政积极性偏低，仅有55.6%的民众参与村委会（或居委会）选举。个税改革指标均值为0.681，表明2018年个税改革的影响范围较广。

第四节　实证结果分析

一　基准回归分析

表5-2的列（1）汇报了个税改革对居民纳税遵从意愿影响的Oprobit回归结果，个税改革的回归系数为0.071，且在5%的水平上显著为正，表明个税改革对居民纳税遵从意愿具有正向作用；列（2）汇报了个税改革对居民政府信任影响的Oprobit回归结果，个税改革的回归系数为0.027，且在10%的水平上显著为正，表明个

税改革对居民政府信任具有正向作用。根据上述回归结果可以得出结论，即个税改革有利于提升居民纳税遵从意愿和居民政府信任度，从而有效维护社会秩序。其原因在于，第一，个税改革的公平关切会让民众认为自身处于公平的社会环境和制度体系中，其纳税遵从意愿以及对政府的信任度自然会相应提高。第二，个税改革的数字赋能可以有效约束纳税人和征管方双方行为，促进税收征管机关依法行政，减轻了居民纳税遵从成本，有利于提升居民纳税遵从意愿。第三，个税改革的税收法定和依法治税都能在不同程度上促进居民政府信任提升，税收法定和依法治税表明纳税人受到了公平对待，政府公信力得以树立，居民政府信任自然得以提升。控制变量方面，受教育程度对居民纳税遵从意愿和居民政府信任产生显著积极影响，说明居民受教育程度越高，其纳税遵从意愿和居民政府信任越高；家庭房产数量对居民纳税遵从意愿和居民政府信任产生显著积极影响，说明居民拥有房产的数量越多，其纳税遵从意愿和居民政府信任也越高。此外，主观社会地位和家庭成员数量同样对居民纳税遵从意愿产生显著积极影响，身体健康状况和法治水平同样对居民政府信任产生显著积极影响。

表 5-2　个税改革对社会治理现代化的影响：Oprobit 和 Probit 估计

	（1）社会秩序：居民纳税遵从意愿	（2）社会秩序：居民政府信任	（3）社会活力：居民参政意愿	（4）社会活力：居民参政行为
个税改革	0.071** （0.032）	0.027* （0.015）	0.007** （0.003）	0.004** （0.002）
性别	−0.042 （0.052）	−0.037 （0.051）	0.005 （0.005）	0.003 （0.004）
年龄	−0.001 （0.003）	−0.011 （0.023）	0.021 （0.033）	0.002*** （0.001）

续表

	（1） 社会秩序： 居民纳税遵从意愿	（2） 社会秩序： 居民政府信任	（3） 社会活力： 居民参政意愿	（4） 社会活力： 居民参政行为
民族	0.167 （0.115）	0.187 （0.246）	0.016* （0.007）	0.013 （0.009）
宗教信仰	0.002 （0.08）	0.004 （0.096）	0.013 （0.066）	−0.003* （0.008）
受教育程度	0.022*** （0.008）	0.009** （0.001）	0.004** （0.002）	0.002*** （0.001）
政治面貌	0.015 （0.082）	0.027 （0.044）	0.007* （0.006）	0.001* （0.001）
身体健康状况	0.029 （0.028）	0.019* （0.018）	0.033 （0.039）	0.011 （0.017）
主观社会地位	0.008* （0.004）	0.013 （0.019）	0.027* （0.018）	0.007 （0.023）
家庭成员数量	0.148* （0.076）	0.026 （0.033）	0.041*** （0.009）	0.020** （0.017）
家庭房产数量	0.085* （0.046）	0.124** （0.026）	0.009*** （0.003）	0.007 （0.013）
法治水平	0.031 （0.032）	0.130* （0.097）	0.006 （0.006）	0.015* （0.014）
省份虚拟变量	控制	控制	控制	控制
样本量（个）	2234	2234	2234	2234
Wald χ^2	244.71	266.59	297.32	—
Pseudo R^2	0.045	0.039	0.047	—
估计方法	Oprobit	Oprobit	Oprobit	Probit

注：括号内为稳健标准误；***、**、* 分别表示1%、5%、10%的显著性水平。下同。

表5-2的列（3）汇报了个税改革对居民参政意愿影响的Oprobit回归结果，个税改革的回归系数为0.007，且在5%的水平上显著为正，表明个税改革对居民参政意愿具有正向作用；表5-2的列（4）

汇报了个税改革对居民参政行为影响的 Probit 回归结果，个税改革的回归系数为 0.004，且在 5% 的水平上显著为正，表明个税改革对居民参政行为具有正向作用。根据上述结果可以得出结论，即个税改革有利于提升居民的参政意愿并促进其政治参与，从而有效激发社会活力。这是因为个税改革秉持共建共治共享的税收治理模式，一方面，在个税改革进程中，全国人大常委会公开征集社会意见，民众通过该诉求表达渠道能够在制度规则层面充分表达，有利于激发普通民众的参政热情，促进其政治参与意愿提升；另一方面，民众在参与个税改革过程中提升了参政意识，并逐步扩展为民众对国家政治经济事务的广泛关注，从而推动其广泛参与政治活动。控制变量方面，受教育程度对居民参政意愿和居民参政行为产生显著积极影响，说明居民受教育程度越高，其参政意愿越高，参与政治活动的可能性也越大；政治面貌对居民参政意愿和居民参政行为产生显著积极影响，说明与其他民众相比，共产党员、民主党派和共青团员的参政意愿更高，参政活动的可能性也更大。此外，家庭成员数量和法治水平对居民参政意愿产生积极影响。

二　稳健性检验

1. 稳健性检验：更换估计方法和缩尾处理

Oprobit 模型和 Probit 模型要求变量必须服从正态分布，但是在现实情况中该标准较难满足。在此情况下，若样本容量足够大，则可以使用 Ologit 模型和 Logit 模型进行估计，该两种模型估计结果与 Oprobit 模型和 Probit 模型相差不大，且要求变量服从 logistic 分布即可。因此，本章采用 Ologit 模型和 Logit 模型估计进行稳健性检验，估计结果汇报于表 5-3，可以发现个税改革估计系数的大小、符号及其显著性均未发生改变，表明上述研究结果具有一定的稳健性。

表 5-3　　　　　稳健性检验：Ologit 和 Logit 估计

	（1）社会秩序：居民纳税遵从意愿	（2）社会秩序：居民政府信任	（3）社会活力：居民参政意愿	（4）社会活力：居民参政行为
个税改革	0.070** (0.033)	0.024* (0.013)	0.010** (0.006)	0.005** (0.003)
控制变量	控制	控制	控制	控制
省份虚拟变量	控制	控制	控制	控制
样本量（个）	2234	2234	2234	2234
Wald χ^2	246.57	268.86	288.46	—
Pseudo R^2	0.043	0.039	0.046	—
估计方法	Ologit	Ologit	Ologit	Logit

为避免极端值对研究结果的影响，本书对各变量进行了 5% 缩尾处理，结果如表 5-4 所示，个税改革估计系数的大小、符号和显著性未发生明显变化，进一步表明了回归结果的稳健性。

表 5-4　　　　　稳健性检验：5% 缩尾处理

变量	（1）社会秩序：居民纳税遵从意愿	（2）社会秩序：居民政府信任	（3）社会活力：居民参政意愿	（4）社会活力：居民参政行为
个税改革	0.075** (0.037)	0.033* (0.015)	0.012* (0.007)	0.007** (0.002)
控制变量	控制	控制	控制	控制
省份虚拟变量	控制	控制	控制	控制
样本量（个）	2034	2034	2034	2034
Wald χ^2	248.99	270.74	294.88	—
Pseudo R^2	0.046	0.040	0.034	—
估计方法	Oprobit	Oprobit	Oprobit	Probit

2. 稳健性检验：使用连续型核心解释变量

本章在上述研究中将个税改革变量定义为一个0—1变量，将月收入大于等于3500元的样本定义为1，将月收入低于3500元的样本定义为0。此种简单的变量定义使得模型估计丢失了大量样本信息。一般而言，纳税人月收入越高，其受个税改革的影响越大，但是用0—1变量进行模型估计不能精确刻画个税改革对社会治理现代化的影响。因此，本章引入个税改革连续型变量进行模型估计，对月收入低于3500元的样本变量仍然定义为0，对月收入大于等于3500元的变量使用其月收入数据进行变量设定。这种设计方法使政策变量不再是一个离散虚拟变量，而是一个连续型变量，该方法的好处在于能够刻画样本受政策影响强度的差异，克服了使用0—1虚拟变量刻画政策影响的局限，并能更好地利用样本信息，使估计结果更精确。估计结果如表5-5所示，个税改革的估计系数明显增大，且其符号和显著性依旧未发生改变，表明本书结论稳健可靠。

表 5-5　　稳健性检验：使用连续型核心解释变量

	（1）社会秩序：居民纳税遵从意愿	（2）社会秩序：居民政府信任	（3）社会活力：居民参政意愿	（4）社会活力：居民参政行为
个税改革	0.078** （0.037）	0.047* （0.018）	0.019** （0.008）	0.013** （0.006）
控制变量	控制	控制	控制	控制
省份虚拟变量	控制	控制	控制	控制
样本量（个）	2234	2234	2234	2234
Wald χ^2	255.89	272.19	289.87	—
Pseudo R^2	0.039	0.042	0.042	
估计方法	Oprobit	Oprobit	Oprobit	Probit

3. 稳健性检验：替换核心解释变量

本章进一步使用个税改革冲击来衡量个税改革，通过模拟计算出 2018 年个税改革前后的个人劳动所得应纳税额，以二者相减计算得到应纳税额变化。若二者相减的绝对值大于 0，则表明受到个税改革冲击；否则，未受冲击，估计结果如表 5-6 所示。个税改革的系数虽整体变小，但显著性基本保持不变，表明本书的结论稳健可靠，即个税改革显著提升了居民的纳税遵从意愿和政府信任，维护了良好的社会秩序；个税改革显著地提升了居民的参政意愿和参政行为，有效地激发了社会活力。

表 5-6　　　　稳健性检验：替换核心解释变量

	（1）社会秩序：居民纳税遵从意愿	（2）社会秩序：居民政府信任	（3）社会活力：居民参政意愿	（4）社会活力：居民参政行为
个税改革	0.052* (0.027)	0.029** (0.019)	0.015** (0.009)	0.017** (0.008)
控制变量	控制	控制	控制	控制
省份虚拟变量	控制	控制	控制	控制
样本量（个）	2234	2234	2234	2234
Wald χ^2	263.22	257.39	242.81	—
Pseudo R^2	0.040	0.042	0.045	—
估计方法	Oprobit	Oprobit	Oprobit	Probit

三　异质性分析

郝晓薇等[①]的相关研究表明，教育水平会对居民纳税遵从意愿以及政府认同程度等变量产生显著影响。为深入研究个税改革对社会

---

① 郝晓薇、杨帆、王文甫：《财政透明度会提高居民纳税遵从意愿吗？》，《中国软科学》2022 年第 6 期。

治理现代化的内在逻辑，本章就此因素分组进行异质性分析。

依照中国国民教育序列，将大专及以上设定为较高学历组，其余为较低学历组，分组检验结果如表5-7所示。与较低学历组相比，较高学历组个税改革对居民纳税遵从意愿和居民政府信任影响的显著性和系数均更高。这主要是因为相比较低学历人群，较高学历人群拥有更强的政府信息搜集能力，会借助其易于获得政府信息的优势，更容易参与到个税改革的决策过程中，因此，更能理解政府行为并增加对政府行为的认可度，其纳税遵从意愿和政府信任更高。

表5-7　　　　异质性分析：按照教育年限分组—社会秩序

	（1）较高学历组 社会秩序：居民纳税遵从意愿	（2）较低学历组 社会秩序：居民纳税遵从意愿	（3）较高学历组 社会秩序：居民政府信任	（4）较低学历组 社会秩序：居民政府信任
个税改革	0.077** （0.036）	0.064* （0.032）	0.018** （0.008）	0.013** （0.006）
控制变量	控制	控制	控制	控制
省份虚拟变量	控制	控制	控制	控制
样本量（个）	347	1887	347	1887
Wald χ^2	42.19	148.42	37.68	139.87
Pseudo R^2	0.033	0.026	0.031	0.028
估计方法	Oprobit	Oprobit	Oprobit	Oprobit

另外，如表5-8的列（1）和列（3）所示，个税改革对较高学历组居民参政意愿和居民参政行为均产生显著的正向影响，而表5-8的列（2）和列（4）显示个税改革对较低学历组居民参政意愿和居民参政行为未产生显著影响。这主要是因为较高学历人群对政治运作程序更加了解，且更加关心与自身利益相关的政府活动，其

参与政府公共事务管理和决策的意愿和程度更深，所以个税改革对其参政意愿和参政行为的影响较为显著。

表 5-8　　　　异质性分析：按照教育年限分组——社会活力

	（1）较高学历组 社会活力：居民参政意愿	（2）较低学历组 社会活力：居民参政意愿	（3）较高学历组 社会活力：居民参政行为	（4）较低学历组 社会活力：居民参政行为
个人所得税改革	0.019* （0.015）	0.015 （0.023）	0.013** （0.006）	0.007 （0.015）
控制变量	控制	控制	控制	控制
省份虚拟变量	控制	控制	控制	控制
样本量（个）	347	1887	347	1887
Wald χ^2	236.88	217.60	—	—
Pseudo R^2	0.043	0.038	—	—
估计方法	Oprobit	Oprobit	Probit	Probit

四　机制识别

对社会运行体系公平性的认知在很大程度上影响着社会成员对政府公共权力的态度。如果民众认为自身处于公平的社会环境和制度体系中，其纳税遵从意愿会相应提高，政府信任也会相应提升。2018年个税改革的公平考量，在一定程度上满足了广大民众对公平正义的期待，税收负担分配更加公平合理也给民众带来了改善生活的希望，增加了其对政府和政治制度的信任，更愿意配合政府依法纳税，居民纳税遵从意愿和居民政府信任自然也会相应提升。因此，本章以社会公平感知为作用机制，考察2018年个税改革能否通过作用于居民社会公平感知，促进居民纳税遵从意愿和居民政府信任的提升。

具有较强的政务公开感知能力是居民提高参政意愿并有序参与政治活动的重要前提。政务公开感知，即对民众是否了解国家政治经济事务以及其了解程度的测度。只有全方位了解政府信息，并且清楚可以通过哪些渠道参与政治，民众才更有动力、更加有序地参与政治活动、参与国家政治经济事务管理。2018年个税改革过程中，全国人大常委会通过中国人大网向社会征求意见，民众通过此渠道表达诉求，且部分诉求被采纳，从而激励民众更加关注国家政治经济事务及诉求表达渠道，其政务公开感知明显提升。

因此，本书参考温忠麟和叶宝娟[①]的中介效应三步法，构建如下模型检验社会公平感知的中介效应：

$$Governance_i = \alpha_0 + \alpha_1 Reform_i + \sum_j \alpha_j Control_i + Prov_i + \varepsilon_i \quad (5-2)$$

$$Fair_i = \beta_0 + \beta_1 Reform_i + \sum_j \beta_j Control_i + Prov_i + \varepsilon_i \quad (5-3)$$

$$Governance_i = \delta_0 + \delta_1 Reform_i + \delta_2 Fair_i + \sum_j \delta_j Control_i + Prov_i + \varepsilon_i \quad (5-4)$$

其中，$Fair_i$表示居民社会公平感知，被解释变量社会秩序依然使用居民纳税遵从意愿和居民政府信任来衡量；β_0、β_1、β_j和δ_0、δ_1、δ_2、δ_j分别表示待估系数。同理可设定类似模型检验政务公开感知（$Openness_i$）对个税改革与社会活力之间的中介效应。

社会公平感知在个税改革与社会秩序间的中介效应结果见表5-9。表5-9的列（1）显示个税改革对社会公平感知的影响系数显著为正，表明2018年个税改革与社会公平感知显著正相关，即个税改革能够促进民众的社会公平感知。列（2）和列（3）检验了社会

---

① 温忠麟、叶宝娟：《中介效应分析：方法和模型发展》，《心理科学进展》2014年第5期。

公平感知对个税改革与居民纳税遵从意愿之间的影响是否存在中介效应；列（3）显示社会公平感知显著为正，说明2018年个税改革可以通过促进民众的社会公平感知进而提升纳税遵从意愿，即此中介效应成立。列（4）和列（5）检验了社会公平感知对个税改革与居民政府信任之间的影响是否存在中介效应，结果显示，2018年个税改革可以通过改善民众的社会公平感知来提升居民政府信任。

表5-9　　　　　　　中介效应检验：社会公平感知

	（1）社会公平感知	（2）社会秩序：居民纳税遵从意愿	（3）社会秩序：居民纳税遵从意愿	（4）社会秩序：居民政府信任	（5）社会秩序：居民政府信任
个税改革	0.228**（0.030）	0.071**（0.032）	0.053*（0.062）	0.027*（0.015）	0.018*（0.010）
社会公平感知	—	—	0.083**（0.035）	—	0.046*（0.019）
控制变量	控制	控制	控制	控制	控制
省份虚拟效应	控制	控制	控制	控制	控制
样本量	2234	2234	2234	2234	2234
Wald χ^2	239.99	244.71	249.77	266.59	286.75
Pseudo R^2	0.47	0.045	0.49	0.039	0.47
估计方法	Oprobit	Oprobit	Oprobit	Oprobit	Oprobit

政务公开感知在个税改革与社会活力间的中介效应结果见表5-10。表5-10的列（1）和列（4）分别运用Oprobit方法和Probit方法估计了个税改革对政务公开感知的影响系数，列（4）和列（6）中将政务公开感知转化为0—1变量，对回答"非常困难""比较困难"赋值为0，回答"一般""比较容易""非常容易"赋值为1。结果均显著为正，表明2018年个税改革与政务公开感知显著正相关，

即个税改革能够促进民众的政务公开感知。列（2）和列（3）检验了政务公开感知对个税改革与居民参政意愿之间的影响是否存在中介效应；列（3）显示政务公开感知也显著为正，说明2018年个税改革可以通过促进民众的政务公开感知进而提升参政意愿，即此中介效应成立。列（5）和列（6）检验了政务公开感知对个税改革与居民参政行为之间的影响是否存在中介效应，结果显示，2018年个税改革可以通过提升政务公开感知来促进民众的参政行为。

表5-10　　　　　　　　中介效应检验：政务公开感知

	（1）政务公开感知	（2）社会活力：居民参政意愿	（3）社会活力：居民参政意愿	（4）政务公开感知	（5）社会活力：居民参政行为	（6）社会活力：居民参政行为
个税改革	0.239**(0.077)	0.007**(0.003)	0.006*(0.066)	0.015*(0.098)	0.004**(0.002)	0.013*(0.010)
政务公开感知	—	—	0.002*(0.001)	—	—	0.001*(0.001)
控制变量	控制	控制	控制	控制	控制	控制
省份虚拟效应	控制	控制	控制	控制	控制	控制
样本量（个）	2234	2234	2234	2234	2234	2234
Wald χ^2	267.45	297.32	267.99	—	—	—
Pseudo R^2	0.042	0.047	0.48	—	—	—
估计方法	Oprobit	Oprobit	Oprobit	Probit	Probit	Probit

五　结论性分析

1. 主要结论

个人所得税作为最重要的直接税制度，是现代财政制度的重要内容，对于助推中国社会治理现代化具有非常重要的作用。本章立足 2018 年个税改革，基于微观个体视角，运用中国综合社会调查数据（CGSS2015），实证检验了个税改革对社会治理现代化的影响及作用机制。主要结论如下：（1）2018 年个税改革政策的实施，显著地提升了居民纳税遵从意愿和居民政府信任，有效地维持了社会秩序。同时，有效地促进了居民参政意愿提升，并推动了居民政治参与，激发了社会活力。这表明个税改革确实发挥了助推社会治理现代化的作用。（2）个税改革对较高学历人群居民纳税遵从意愿和居民政府信任的积极影响更为显著；并显著促进了较高学历人群的居民参政意愿和居民参政行为，而对较低学历人群不显著。（3）2018年个税改革可以通过对社会公平感知中介变量产生作用，促进居民纳税遵从意愿和居民政府信任的提升，维持社会秩序；同时，还可以通过政务公开感知中介变量产生作用来促进居民政治参与，有效地激发了社会活力。

2. 政策启示

第一，建立更加公平正义的个人所得税制度，维护良好的社会秩序。一是进一步明确个税改革效率与公平兼顾的政策导向，满足纳税人的公平价值诉求，改善纳税人的社会公平感知，以促进居民纳税遵从意愿提升，维护社会秩序。二是推动个人所得税征管治理现代化。以数字赋能为支撑，强化现代科学技术手段在个人所得税征管领域的应用，特别是要完善个人所得税 App 在信息共享方面的建设，实现个人所得税应征尽征，保证纳税人受到公平的对待，做到在《个人所得税法》面前人人平等，以此促进居民的社会公平感知和纳税遵从意愿，有效维护社会秩序。三是个税改革过程要进一步推动政府与民众间的良性互动。在新一轮的个税改革进程中，要继续广征民意，并且有效回应民众诉求，对民众合理的诉求予以采纳。要加强个人所得税政策宣讲，以此来增进民众对政府行为的理解，促进居民政府信任提升，有效维护社会秩序。四是全面落实税收法定原则，严格依法依规征税，做到"应收尽收"，保障符合条件的纳税人对税收优惠的知情权和享有权，做到"应享尽享"。

第二，完善民众参与社会治理的制度化渠道，以有效激发社会活力。一是强化多元主体参与。要确保重大决策充分听取社会各界意见，特别是在教育、医疗、文化等领域重大民生项目建设充分听取各界意见和建议，做到依法、科学决策和公开、公平、公正，尊重民意，汇集民智，最大限度激发社会活力。二是拓宽民众参与社会治理的渠道。要基于共建共治共享原则，贯彻全过程人民民主理念，在治理工作各个环节中不断丰富和拓展民众参与社会治理的形式和渠道，切实为民众表达意见、参与社会治理提供组织保障、制度保障和资源保障，有效激发社会活力。三是畅通民众的诉求表达渠道。要改进完善信访工作，整合12345政务服务便民热线、人民网"领导留言板"和中国政府网留言等诉求表达渠道，让民众诉求表达的入口更加集中便捷，进一步畅通和规范民众诉求表达、利益协调和权益保障。

第三，加强政策宣讲并推动政务公开提质增效，提升民众的社会公平感知和政务公开感知。一是加强政府政策宣讲，增强居民的社会公平感知。借助社交媒体、户外大屏，开展系列重要民生政策、重大主题活动宣传，并开展形式多样的"政务公开主题日"活动，对国家的各项重要政策进行解读，让民众理解政府政策设计的公平考量，促进其社会公平感知提升，有效维持社会秩序。二是推动政务公开提质增效，增强居民的政务公开感知。政府应进一步加强信息公开力度，让广大民众可以更加及时、全面地了解政府信息，特别是财政收支状况及其经济社会影响；进一步提升其政务公开感知，让广大民众更加便利地了解中国政府财政资金的来源与去向；进一步激发其参政热情，有效提升社会活力。

第六章 结论与展望

第一节 基本结论

一 改革进展

自 1980 年开征个人所得税以来，中国先后对个人所得税进行了 7 次修订，尤以 1993 年和 2018 年的修订最为广泛。1993 年对个人所得税的修订，实现了从对外国纳税人征税转变为对国内外纳税人征税，适应了中国建立社会主义市场经济体制的要求。2018 年对个人所得税的修订，适应了国家治理体系和治理能力现代化的需求，在一定程度上推动了国家治理的现代化转型。2018 年个税改革取得了较为突出的成果，回应了学界和民众对个税改革的要求。

一是建立了分类和综合相结合的混合所得税制度。自 1980 年建立个人所得税制度以来，中国一直实行分类所得税制度。分类所得税按照不同性质的所得分别课征，实行区别对待，能够贯彻特定的政策意图；而且通过源泉扣缴的办法实现一次性征收，征管简便，减少了征纳成本。但是分类所得税实行分类征收，容易扭曲纳税人行为，产生逃避税问题，且不能按照纳税的综合纳税能力征税，无法贯彻税收公平原则，无助于实现收入再分配效应。为此，中国在多个五年规划和政府工作报告中多次要求实现分类所得税向混合所得税制度的转变。经过学界、实务界和民众的共同努力，2018 年个税改革实现了混合所得税的目标。

二是建立了专项附加扣除制度。1994年以来的个人所得税制度主要有两项扣除制度，分别是标准扣除制度或免征额制度（又称费用扣除标准）和附加扣除制度。早期的标准扣除制度允许从工资薪金收入中每月扣除800元，2005年上涨至1600元，2007年上涨至2000元，2011年上涨至3500元，2018年上涨至5000元（或6万元每年）。附加扣除制度是指对"三险一金"的扣除，允许按照各地区的规定标准，在工资薪金中扣除基本医疗保险、基本养老保险、失业保险金和住房公积金的个人负担部分。2018年在上述两项扣除制度基础上，增加了专项附加扣除，允许纳税人扣除子女教育、继续教育、大病医疗、租房贷款利息或住房租金、赡养老人六个方面的费用，使个人所得税的扣除制度更加人性化，体现了差别化对待的基本要求。2022年中国允许扣除婴幼儿照护费用，2023年则进一步提高了子女教育、赡养老人和婴幼儿照护费用的扣除标准。

三是完善了个人所得税征管制度。建立了个人所得税 App 为核心的纳税人税费信息管理系统。传统个人所得税的征缴以源泉扣缴为核心，无论是工资薪金还是劳务报酬，无论是财产所得还是财产租赁所得，大多由所得的支付方进行扣缴。源泉扣缴操作简便易行、征管成本低，但却不利于对从多处取得报酬及取得多项报酬的纳税人进行征管。2018年建立以个人所得税 App 为核心的纳税人税费信息管理系统，实现了纳税人税费信息的"一户式"智能归集。比如，从公安部获取居民身份基本信息，从中国人民银行获取纳税人账户、住房贷款、征信信息，从教育部获取在校学生学籍管理和成人学历教育信息，从人社部获取社会保障信息，从民政部获取婚姻登记、大病医疗补助信息，从住建部获取个人住房公积金信息，从自然资源部获取家庭住房信息，等等。正是因为建立了以个人所得税 App 为核心的税费信息管理系统，个税的汇算清缴才得以顺利进行。另外，2018 年个税改革还完善了纳税人认证和识别制度。2018 年个税改革将纳税人分为居民纳税人和非居民纳税人，将认定条件的境内累计居住时间从 365 天缩短为 183 天，从而与世界各国接轨。建立了自然人纳税人识别号制度，有中国居民身份证号码的，以身份证号为纳税人识别号；没有中国居民身份证号码的，由税务机关赋予其识别号。纳税人认证和识别制度进一步推动了个税征管制度的完善。

二 改革局限

2018 年个税改革取得了长足的进展，较好地推进了国家治理转型。但现实来看，个税改革仍然仅完成了阶段性任务，与个人所得税制度的现代化及助推国家治理转型还有一定的差距，其局限依然明显。

1. 税制设计对公平原则体现不够

一是劳动所得与资本所得之间的税负公平性有待提高。按照中国现行税法，劳动所得实行七级超额累进课税，最高边际税率为 45%。基于资本占有获取的"利息、股息、红利所得""财产租赁所得""财产转让所得"等仅以 20% 的固定税率进行征收。劳动所得与资本所得的税率差距过大，资本所得享受了较多的税收优惠，容易对个人劳动产生负向激励，形成资本聚集现象，导致收入结构与税负水平的双重变动，并造成社会贫富差距的进一步扩大。此外，"经营所得"兼有劳动与资本所得的双重特征，最高边际税率为 35%，也成为近年来个人所得税领域转化所得类型逃避税的主要途径。

二是税率结构设计有待优化。从世界范围来看，发达国家个人所得税的平均税率级次仅为 4.8 级，显著低于中国的 7 个税率级次，减少税率级次已经成为世界各国个税改革的趋势①；从边际税率的设计上来看，OECD 国家平均最高边际税率为 38.54%，显著低于最高边际税率 45%。②就中国实际情况来看，仅有极少部分纳税人群体适用 35% 以上的税率级次，而绝大多数纳税人群体适用 25% 以下的税率级次。过高的边际税率一方面会对吸引人才产生阻碍，另一方面不利于提升高收入人群的纳税遵从度，限制个税收入分配功能的发挥。

三是专项附加扣除有待完善。2018 年个税改革增加了专项附加扣除项目，但扣除标准全国统一，基本未考虑地区差异，对于生活成本较高地区的纳税人，若其高昂的生活成本不能有效扣除，其生存压力难以缓解。在专项附加扣除项目中，子女教育专项附加扣除仅考虑了接受教育子女的数量，而未考虑子女所处的教育阶段。众所周知，子女在非义务教育阶段的支出远远高于义务教育阶段的支出，而专项附加的扣除标准却相同，这不利于解决子女教育带来的支出压力过大的问题。赡养老人专项附加扣除中，赡养一位老人和赡养多位老人扣除标准相同，且未考虑所赡养老人是否有退休金等情况，这可能会导致费用扣除与实际情况之间存在较大差距，难以有效减轻部分纳税人的赡养负担。

2. 个税征管与税收征管现代化不相协调

一是个税税源监控体系有待完善。在中国社会经济快速数字化的背景下，以滴滴、快手等为代表的平台经济大量涌现，个税税源

---

① 陈龙、刘杰：《我国个人所得税税率结构设计理念、实践及改进空间》，《地方财政研究》2020 年第 10 期。
② 杨昭、周克清：《对下调我国个人所得税最高边际税率的思考》，《税收经济研究》2020 年第 5 期。

监控体系正面临越来越多的考验。由于缺乏有效的信息共享机制，税务机关难以准确获知个人的收入来源及其规模，无法有效掌握平台经济相关税源并进行有效的税收征管。①② 除平台经济外，共享经济、零工经济下网络主播、数据矿工、网约工等行业收入复杂多元，传统的以具体纳税人或代扣代缴义务人为征管对象的税收征管模式难以适用，税务机关获取纳税人涉税信息的难度进一步增大。显然，面对不断变化的商业模式及交易模式，个税税源的监控体系正面临越来越多的考验。

二是个税征管技术能力有待提升。以个税 App 为代表的税收征管方式创新推动了税收征管现代化。但是现行个税 App 税收征管系统仍然存在一定的局限。一方面，个税 App 仅对工资薪金、劳务报酬、稿酬和特许权使用费四项综合所得征税，暂时还无法对经营所得、财产转让所得、租赁所得、股息利息所得等分项所得进行征税，从而限制了个税 App 的适用范围。另一方面，现行个税 App 系统尚不能很好地进行数据信息的比对，难以开展有效的税收稽查。其原因在于，个税 App 系统为保护个人信息，对纳税人大量涉税数据进行了脱敏处理，税务工作人员难以对纳税人的涉税信息进行有效关联，无法准确核实纳税人的汇缴地、预缴地及相关涉税信息。

三是个税协同共治局面尚未形成。尽管 2018 年个税改革在法律层面强调了政府各部门对自然人涉税信息的共享，但目前个人应税收入的隐匿化趋势明显，若要进一步保证自然人涉税信息获取的真实有效性，还需加快政府部门信息共享机制的建设，尤其需要打通房产、银行和海关等职能部门的信息。现行《个人所得税法》和

---

① 周克清、刘文慧：《平台经济下个人所得的税收征管机制探索》，《税务研究》2019 年第 8 期。

② 周克清、郑皓月：《平台经济下个人所得税纳税遵从研究——基于信息不对称的视角》，《税务研究》2021 年第 1 期。

《税收征收管理法》对自然人涉税信息提供的具体内容未做明确规定，涉税信息提供的主体、期限和范围等也均未明确。在个人所得税实际征管中，区域间、部门间对自然人涉税信息的共享非常有限，信息共享机制的效能并未充分发挥。由于政府部门间信息共享机制尚未完全建立，税务部门仍然难以准确及时获取自然人的涉税信息。特别是现行法律尚未要求平台经济企业提供相关从业人员的涉税收入（所得）数据。

3. 个税改革助推国家治理现代化不到位

一是回应经济治理现代化力度不够。中国个税改革在优化资源配置和促进收入分配公平等方面仍有较大的政策空间。2018 年虽然在综合所得的设立上促进了横向公平，但平均税率的降低实际上抑制了个税的累进性，对于实现纵向公平、缩小社会收入贫富差距的作用较小[1]；以提高基本减除费用标准为主要内容的个税改革并没有促进居民消费的增加，只是带来了更多储蓄[2]；个税改革对低收入家庭和农村地区家庭的教育支出没有显著影响，无法缩小该部分家庭与其他家庭的教育支出差距[3]。

二是回应政治治理现代化力度不够。就公众参与而言，2018 年个税改革的进程在提高民众的政治参与性方面有非常突出的表现，但在广度和深度等方面还有一定的扩展空间；就政府回应而言，个税改革的政策效果尚不符合民众对公平正义的期待，难以有效回应民众所期盼的公平税负要求；就税收法定而言，个人所得税法律体

---

[1] 李文：《公平还是效率：2019 年个人所得税改革效应分析》，《财贸研究》2019 年第 4 期。

[2] 李永友、耿立娟、赵竹青：《基于消费扩张的个人所得税改革效应分析——以 2011 年个人所得税改革为例》，《税务研究》2023 年第 8 期。

[3] 刘利利、刘洪愧：《个人所得税改革与家庭教育支出——兼论教育负担与教育差距》，《经济科学》2020 年第 1 期。

系内的许多规范之间存在内容和位阶的冲突，表面日益完善，实则暗藏"繁华与无序"的矛盾①。

三是回应社会治理现代化力度不够。通过个税改革引导民众诚信依法纳税的作用效果尚未完全发挥，纳税人对个人所得税征管信息了解较少，对个人所得税惩罚力度、社会纳税风气和纳税信用惩罚信息的认知程度整体偏低②。

第二节 改革展望

一 新一轮个税改革的目标使命

1. 回应民众的公平性要求

当前阶段，个人所得税最重要的功能不在于为财政筹资，而在于对收入的调节作用和对纳税主体的激励作用，从而有效回应民众的公平性要求③。无论是减少收入差距，还是激励纳税主体扩大生育、养老、个人发展等消费，公平性都是个税制度设计最为重要的标准。公平正义是中国特色社会主义的内在要求，也是全体人民的共同价值追求。习近平总书记在2022年世界经济论坛视频会议中指出，"中国要实现共同富裕，……要先把'蛋糕'做大，然后通过合理的制度安排把'蛋糕'分好，水涨船高、各得其所，让发展成果更多更公平惠及全体人民。"④目前阶段，中国居民收入差距较大的问题仍未得到有效解决，世界银行数据显示，2022年中国基尼系数为

---

① 刘剑文、赵菁：《税收法律体系的优化——以个人所得税为例》，《东岳论丛》2021年第2期。
② 刘华、魏娟、陈力朋：《个人所得税征管信息凸显性与纳税遵从关系的实证分析》，《税务研究》2017年第2期。
③ 张守文：《中国式现代化与个人所得税制度优化》，《税务研究》2023年第5期。
④ 习近平：《习近平重要讲话单行本（2022年合订本）》，人民出版社2023年版，第15页。

0.474，显著高于国际警戒线 0.4[①]，居民收入差距大无疑会影响社会公平正义的实现。

个人所得税作为最重要的直接税，自产生之初就非常关注效率之上的税收公平建设[②]。现有研究表明以直接税为主的税收体系更有利于居民收入分配差距的缩小，个人所得税对强化税收再分配职能具有举足轻重的作用，科学合理的个人所得税制度能够调节收入分配，缩小贫富差距，并推动共同富裕的实现。综合所得税制作为一种对居民直接征收的累进税，在调节居民收入分配差距时起到的作用极为突出。而费用扣除作为综合所得税制的重要组成部分，在起到减税效果的同时，也会对居民收入分配差距产生影响。因此，新一轮个人所得税改革必须以公平为标准，持续完善以综合所得课税为主、分类所得课税为辅的混合所得税模式，在专项附加扣除的设置上要更加科学合理，以有效回应民众的公平性要求。只有实实在在地回应和解决民众对公平正义的渴望，才能真正激发社会进步的根本动力。

2. 回应税收征管现代化的需要

税收在国家治理中发挥着基础性、支柱性和保障性作用，税收征管现代化是国家治理现代化的重要组成部分，是中国式现代化的重要一环[③]。要发挥税收在国家治理中的基础性、支柱性和保障性作用，离不开以税收征管为支撑的良好税收治理架构[④]。2018 年个税改革实现了分类所得税制向混合所得税制的转变，税收现代化向前迈出了关键一步，同时也对个人所得税的征管手段和模式提出了更高

---

① https://www.sohu.com/837557048-121814835.
② 费茂清、杨昭、周克清：《公平视角下我国新一轮个人所得税改革评价》，《财经科学》2020 年第 7 期。
③ 张斌：《深化税收征管改革 推进税收治理现代化》，《国际税收》2021 年第 10 期。
④ 马珺：《个人所得税综合所得年度汇算：推进税收治理现代化的中国实践》，《国际税收》2021 年第 7 期。

的要求，新一轮个税改革必须科学有效推进个人所得税的征管现代化。

税收征管现代化自始至终在税收治理和国家治理中扮演着至关重要的角色，而个人所得税征管现代化是税收征管现代化的重要内容。现代化的税收征管制度能够保证征税的公正性，确保每个纳税人正确履行税法所规定的义务，而未履行义务的纳税人将承受相应的处罚。同时轻松便捷的纳税体验无疑会提升纳税人对税收体系和政府服务的信任，而对税收体系和政府的信任，反过来能够提升民众的纳税遵从意愿，并提升民众对政府的政治支持[1]。因此，新一轮的个税改革必须有效回应税收征管现代化的需要，要依托科学技术手段实现良好的税收征管，并提供快捷便利的纳税服务，从而强化国家和民众之间的互信机制，更好地发挥税收在国家治理中的基础性、支柱性和保障性作用。

3. 回应国家治理现代化的需要

税收制度是现代财政制度的重要内容，对于推进国家治理体系和治理能力现代化具有非常重要的作用。国家治理现代化本身更加强调政府、民众、媒体和社会之间的良性互动与合作，而个人所得税作为中国最重要的直接税制度，民众的感受最为直观。在个税改革的过程中，民众参与最为深入，这就对国家治国理政的基本方式、政府机构的行为效率、民众的纳税遵从等提出了更高的要求。换句话说，个税改革能够有效推动国家治理转型，重塑政府与市场、政府与个人、政府与社会组织及政府之间的相互关系。个税改革必须实现民众、媒体与政府的良性互动，使个人、社会和国家间的相互关系更为紧密，推动民众和社会组织更加积极地参与国家政治经济

---

[1] 刘成龙、王婷、冯卉：《国家治理视角下我国个人所得税的优化》，《税务研究》2020年第2期。

事务，从而更加有效地推动国家治理现代化进程。

具体而言，个税改革需要回应经济治理现代化、政治（政府）治理现代化和社会治理现代化的需要。所谓经济治理现代化，就是要实现更高质量的可持续经济发展，或者说更高效的资源配置、更公平的收入分配和更有效的经济发展。个税改革不仅要扩大个税综合所得的范围，而且在专项附加扣除的设置上要更加科学，使个人所得税更加兼具公平和效率，并推动社会经济的数字化转型。所谓政治（政府）治理现代化，就是要建立以人民为中心的民主参与、回应负责、开放透明、遵循法治的现代化治理体系[①]。新一轮的个税改革需要进一步强化公众参与、政府回应和税收法定，以此来回应政府治理现代化的需要。所谓社会治理现代化，就是要构建和谐有序和充满活力的社会运行体系。要通过个税改革回应民众公平关切，提升广大民众的公平感知，从而引导民众诚信依法纳税，进一步达到提升社会信用水平、维护社会秩序的效果。要通过个税改革来改善民众的社会公平感知和政务公开感知，进一步提升民众的参政议政热情，有效激发民众的政治参与活力。

二 新一轮个税改革的路径选择

1. 提高个税制度的公平性

一是更加平等地对待劳动所得和资本所得。个税改革需要进一步提升个税综合程度，扩大综合所得的范围，保证资本所得和劳动所得按统一标准纳税，以此来提升个人所得税的公平性。具体而言，需将多项资本所得纳入综合所得中，包括利息股息所得、财产转让所得和财产租赁所得等；或对资本所得按照更高的税率标准征税，

---

① 张成福：《论政府治理现代化》，《公共管理与政策评论》2023 年第 1 期。

提升劳动所得在国民收入分配中的份额。

二是优化个人所得税税率结构。"十四五"时期，人力资源已经成为推动共同富裕的强大引擎，利用个人所得税增强对人才的吸引势在必行。下调最高边际税率，减少税率级次，不仅可以吸引高端人才流入，还有助于进一步发挥个人所得税的收入再分配功能，提升高收入群体的纳税遵从意愿，增进个人所得税的横向公平，以此来回应民众的公平性要求。

三是完善专项附加扣除体系。在设立专项附加扣除标准时，需要充分考虑地区经济发展的差异，包括居民收入水平、物价水平以及生活成本等差异，以差异化的扣除标准来替代固定统一的扣除标准，平衡不同区域纳税人的税负水平，缩小区域差异，推动共同富裕[①]。财税与相关部门要充分交换和共享居民收入信息和物价信息，考虑民众的生活成本和合理诉求，根据CPI涨幅定期调整，设置动态化的费用扣除标准。在子女教育专项附加扣除的标准上，考虑子女受教育阶段等因素的差异制定不同的子女教育专项附加扣除标准；在赡养老人专项附加扣除中，扣除标准可以与赡养老人的数量以及老人是否有退休金等情况进行挂钩。

2. 推进个税征管制度的现代化

一是完善个税税源监管体系。首先，要全面建立符合税收现代化治理要求的个税税源监管体系，推动形成自然人税收大数据，建设"信用＋风险"监管体制，实现精准监管。借鉴企业税收征管的成功经验，实行自然人涉税风险分类分级与信用标签管理，在事前、事中、事后全流程防范涉税风险。其次，加强重点领域风险防控和监管。对平台经济、共享经济、零工经济下网络主播、数据矿工、

---

① 张德勇：《多元目标下深化个人所得税改革的思考》，《税务研究》2023年第3期。

网约工等逃避税多发行业和人群，依照风险管理原则，提高抽查比例。对隐瞒收入、虚列成本、转移利润以及利用"税收洼地"、"阴阳合同"和关联交易等逃避税行为，加强预防性制度建设，加强事前监督力度。最后，依法严厉打击偷逃个税行为。进一步明确偷逃个税的处罚规定，增加不同偷逃税案件的法律解释，做到依法行政且有法可依，加大处罚力度，使偷逃税成本显著高于其偷逃税非法收益，提升法律的威慑力。

二是提升个人所得税征管技术能力。首先，探索区块链技术在房地产交易和不动产登记等方面的应用，完善个人所得税 App 中关于个人及家庭成员名下住房、投资性房地产信息的联网登记，为个人所得税综合征收扩围至财产性收入领域做好技术准备，并持续拓展在涉税涉费信息共享领域的应用。其次，积极推进"金税四期"工程建设步伐，充分运用大数据、云计算等新技术，推进自动精准算税、智能分析预警、风险防控及时的链条式管理。坚持以纳税人的需求为中心，充分运用人工智能、互联网、5G 等先进技术，以快捷、高效、务实的智能办税服务进一步加快税收征管方式从信息化向数字化、智能化全面转型升级。最后，提供定制化智能化纳税服务。利用大数据和人工智能等科学技术，精准有效分析不同纳税人的个性需求和现实需要，根据纳税人的需要提供精准有效的线上服务。加强税务机关工作人员的培训，提供更加优质的线下服务。

三是完善个人所得税协同共治机制。首先，加强跨部门协作与信息共享。依托社会综合治税平台，加强部门间协作配合，完善纳税人涉税信息交换、信息通报和执法联动，建立制度化的数据共享机制，稳步推进部门间信息交流常态化。其次，建立第三方信息共享渠道。利用大数据和人工智能，积极构建全国联网的自然人涉税信息共享平台，并对个人所得税征管系统进行升级完善。健全信息安全管理制度，进一步加强纳税人个人信息安全保障，增加从第三方获取信息的渠道，特别是要增强税务部门从平台经济企业获取从业人员涉税信息的能力。最后，强化国际税收合作。深度参与数字经济等领域的国际税收规则和标准制定，持续推动全球税收治理体系建设。严厉打击高净值自然人资本所得国际逃避税，维护国家税收利益。

3. 助推与国家治理现代化的良性互动

个税改革不仅是一个税收制度改革，更在于它是国家治理现代化体系中的重要环节，个税改革与国家治理现代化的良性互动是中国现代财政（税收）制度建设的重要内容。

一是助推个税改革与经济治理现代化的互动。个税改革不仅要回应公众的公平性要求，助推社会共同富裕，而且要兼顾经济效率的提升。特别是在平台经济（共享经济）快速发展的背景下，必须有效回应纳税人多元化的趋势，保证每一位纳税人都能得到公平对待，以个税征管治理现代化保证应征尽征，进而推动社会经济的数字化转型。

二是助推个税改革与政治治理现代化的互动。个税改革牵涉民众的切身利益，也带动了民众对国家政治经济事务的参与热情。个税改革激发的民主和政治参与热情，必须扩展到政治治理现代化进程中去。从个税改革上讲，要完善税收民主程序，以税收民主推动个税制度设计的科学性，强化税收法定。要进一步发挥个税改革对政府治理现代化的助推作用，需要持续畅通政府与民众的沟通机制，持续畅通并拓宽政府与民众的互动渠道，高度重视并发挥媒体关注的重要作用，规范和强化媒体信息中介功能的发挥；坚持科学民主决策，认真听取并了解群众诉求，持续提升公共事务决策的质量及效率；全面推进政务公开工作，增强政府工作透明度，提升财政透明度。

三是助推个税改革与社会治理现代化的互动。要进一步发挥个税改革对社会治理现代化的助推作用，明确个税改革效率与公平兼顾的政策导向，充分发挥个税改革的积极作用，充分注重公平目标，满足纳税人公平的价值诉求，以促进居民纳税遵从意愿提升，维护社会秩序；政府确保重大决策充分听取社会各界意见，做到依法决策、科学决策，提升政府公信力；进一步加强信息公开力度，提升居民的政务公开感知程度，激发民众的参政热情，提升社会活力。

参考文献

中文文献

白彦锋、许嫚嫚:《个税免征额调整对政府税收收入和居民收入分配影响的研究》,《财贸经济》2011 年第 11 期。

蔡昌、马燕妮、刘万敏:《平台经济的税收治理难点与治理方略》,《财会月刊》2020 年第 21 期。

蔡昌、赵艳艳、戴梦妤:《基于区块链技术的税收征管创新研究》,《财政研究》2019 年第 10 期。

蔡昌:《电商税收流失测算与治理研究》,《会计之友》2017 年第 8 期。

蔡倩:《减税降费有助于缩小中国家庭经济不平等吗——来自 2011 年个税改革的证据》,《南方经济》2022 年第 7 期。

曹月玲:《个人所得税调整对我国城镇居民消费支出影响的实证分析》,《商业经济研究》2019 年第 9 期。

陈军亚:《因税而治:区域性国家治理的机理——以区域村庄形态调查为依据》,《云南社会科学》2019 年第 4 期。

陈力朋、刘华、徐建斌:《税收感知度、税收负担与居民政府规模偏好》,《财政研究》2017 年第 3 期。

陈朋亲、杨天保:《参与式治理在中国的发展与实践》,《人民论坛》2016 年第 2 期。

陈晓光:《财政压力、税收征管与地区不平等》,《中国社会科学》2016 年第 4 期。

陈宇、李锐：《我国分享经济税收问题研究》，《中央财经大学学报》2017 年第 8 期。

程欣炜、龚璐、岳中刚：《个税专项附加扣除政策的赡养激励效应研究——基于城镇家庭的模糊断点回归设计》，《财政研究》2021 年第 10 期。

池国华、杨金、谷峰：《媒体关注是否提升了政府审计功能？——基于中国省级面板数据的实证研究》，《会计研究》2018 年第 1 期。

储德银、费冒盛、黄暄：《税制结构优化与地方政府治理》，《税务研究》2020 年第 11 期。

崔景华、谢远涛：《家庭收入流动性分解测度、税收负担及制度改革效应分析——基于家庭微观追踪调查数据的实证研究》，《南开经济研究》2022 年第 2 期。

崔军、朱晓璐：《论综合与分类相结合计征方式下的我国个人所得税改革》，《税务研究》2014 年第 9 期。

崔志坤、李菁菁、杜浩：《平台经济税收管理问题：认识、挑战及应对》，《税务研究》2021 年第 10 期。

樊勇：《新一轮个税改革如何更好地贴近民生》，《人民论坛》2017 年第 8 期。

费茂清、杨昭、周克清：《公平视角下我国新一轮个人所得税改革评价》，《财经科学》2020 年第 7 期。

冯海波、蔡阳：《工资薪金所得税负降低不利于个体创业——2011 年个税改革背景下的双重差分分析》，《地方财政研究》2021 年第 7 期。

冯楠、韩树煜、陈治国：《人口老龄化背景下个人所得税改革对劳动供给的影响》，《税务与经济》2021年第5期。

傅靖：《基于数字化平台的零工经济税收管理》，《国际税收》2020年第9期。

高培勇：《个人所得税改革的内容、进程与前瞻》，《理论前沿》2009年第6期。

高培勇：《论国家治理现代化框架下的财政基础理论建设》，《中国社会科学》2014年第12期。

高亚飞、吴瑞君：《个人所得税改革、家庭间接税负与家庭生育决策》，《人口研究》2023年第1期。

个人所得税改革方案及征管条件研究课题组：《个人所得税改革方案及征管条件研究》，《税务研究》2017年第2期。

谷成、于杨：《税收征管、遵从意愿与现代国家治理》，《财经问题研究》2018年第9期。

谷成、张洪涛：《基于现代国家治理的税制改革思考》，《税务研究》2020年第11期。

谷成、张家楠：《横向税收竞争与地方政府回应性——来自中国地级市的经验证据》，《财经问题研究》2022年第9期。

贾康、梁季：《我国个人所得税改革问题研究——兼论"起征点"问题合理解决的思路》，《财政研究》2010年第4期。

郭庆旺、陈志刚、温新新、吕冰洋：《中国政府转移性支出的收入再分配效应》，《世界经济》2016年第8期。

郭晔：《论中国式社会治理现代化》，《治理研究》2022年第3期。

郝晓薇、杨帆、王文甫：《财政透明度会提高居民纳税遵从意愿吗？》，《中国软科学》2022年第6期。

贺宝成、熊永超：《国家审计如何影响政府治理效率？——基于 Tobit-SDM 模型的空间计量分析》,《审计与经济研究》2021 年第 6 期。

贺宏朝:《"平台经济"下的博弈》,《企业研究》2004 年第 12 期。

贺佳、孙健夫:《减税政策提升了政府支出效率吗》,《财经科学》2021 年第 6 期。

胡永保、杨弘:《国家治理现代化进程中的政府治理转型析论》,《理论月刊》2015 年第 12 期。

黄凤羽、韩国英、辛宇:《中国个人所得税改革应注重三大关系的协调》,《税务研究》2018 年第 11 期。

黄凤羽:《对个人所得税再分配职能的思考》,《税务研究》2010 年第 9 期。

黄晓虹:《个人所得税改革、消费刺激与再分配效应——基于 PSM 方法》,《中国经济问题》2018 年第 5 期。

冀云阳、王晓佳:《个人所得税家庭申报制度研究——基于新一轮个人所得税改革的分析》,《公共财政研究》2021 年第 2 期。

蒋俐葳:《以家庭课税为基础的我国个人所得税改革纳税单位研究》,硕士学位论文,华中科技大学,2017 年。

蒋震:《从经济社会转型进程看个人所得税改革》,《河北大学学报》(哲学社会科学版)2019 年第 1 期。

晋晓姝、刘蓉:《新一轮个税改革对居民家庭消费的影响》,《地方财政研究》2023 年第 3 期。

经庭如、曹结兵:《提高直接税比重视角下的个人所得税改革定位及路径》,《税务研究》2016 年第 11 期。

雷根强、郭玥:《差别费用扣除与个人所得税制改革——基于微观数据的评估》,《财政研究》2016 年第 6 期。

雷欣、贾亚丽、龚锋:《机会不平等的衡量：参数测度法的应用与改进》,《统计研究》2018年第4期。

李安琪:《以家庭为纳税单位的个人所得税改革研究》,硕士学位论文,山东财经大学,2020年。

李本贵:《关于我国个人所得税改革的几点思考》,《税务研究》2022年第2期。

李恒、吴维库、朱倩:《美国电子商务税收政策及博弈行为对我国的启示》,《税务研究》2014年第2期。

李华:《地方税的内涵与我国地方税体系改革路径——兼与OECD国家的对比分析》,《财政研究》2018年第7期。

李建军、吴懿:《税收分成、财政激励与制造业企业活力——来自"增值税分成"改革的证据》,《财贸经济》2021年第9期。

李建伟、王伟进:《社会治理的演变规律与我国社会治理现代化》,《管理世界》2022年第9期。

李升、杨武:《个人所得税改革：以促进公平为视角》,《税务研究》2016年第2期。

李万甫:《精准施策 助力提升高质量发展的税收治理》,《税务研究》2018年第4期。

李文:《税制结构优化的民众接受程度分析》,《税务研究》2016年第1期。

李文:《我国个人所得税的再分配效应与税率设置取向》,《税务研究》2017年第2期。

李旭红、郭紫薇:《"十四五"时期的个人所得税改革展望》,《税务研究》2021年第3期。

李莹、吕光明:《机会不平等在多大程度上引致了我国城镇收入不平等》,《统计研究》2016年第8期。

李莹、吕光明:《中国机会不平等的生成源泉与作用渠道研究》,《中国工业经济》2019 年第 9 期。

李永友、王超:《集权式财政改革能够缩小城乡差距吗?——基于"乡财县管"准自然实验的证据》,《管理世界》2020 年第 4 期。

李友梅:《当代中国社会治理转型的经验逻辑》,《中国社会科学》2018 年第 11 期。

李友梅:《中国社会治理的新内涵与新作为》,《社会学研究》2017 年第 6 期。

梁俊娇、何晓:《我国个人所得税再分配效应研究》,《中央财经大学学报》2014 年第 3 期。

廖楚晖、魏贵和:《个人所得税对我国城镇居民收入与消费的影响》,《税务研究》2013 年第 9 期。

刘成龙、王婷、冯卉:《国家治理视角下我国个人所得税的优化》,《税务研究》2020 年第 2 期。

刘华、陈力朋、徐建斌:《税收凸显性对居民消费行为的影响——以个人所得税、消费税为例的经验分析》,《税务研究》2015 年第 3 期。

刘华、马卓、李丹:《个人所得税减免对城镇职工劳动供给的影响研究》,《税务研究》2022 年第 10 期。

刘建民、秦玉奇、洪源:《财政效率对区域全要素生产率的影响机制和效应:基于综合财政效率视角》,《财政研究》2021 年第 3 期。

刘军、戴建宏、林元权:《平台经济视角下的自由职业者税收问题研究》,《集美大学学报》(哲学社会科学版) 2021 年第 4 期。

刘丽坚:《论我国个人所得税的职能及下一步改革设想》,《税务研究》2006 年第 8 期。

刘利利、刘洪愧：《个人所得税改革与家庭教育支出——兼论教育负担与教育差距》，《经济科学》2020年第1期。

刘鹏：《家庭课税：我国个人所得税改革的应然之举？》，《经济体制改革》2016年第4期。

刘蓉、寇璇：《个人所得税专项附加扣除对劳动收入的再分配效应测算》，《财贸经济》2019年第5期。

刘蓉、林志建：《个人所得税新政对劳动收入分配效应的影响》，《财政研究》2019年第4期。

刘尚希：《增强国家治理能力的重要举措》，《中国税务》2016年第1期。

刘怡、李智慧、耿志祥：《婚姻匹配、代际流动与家庭模式的个税改革》，《管理世界》2017年第9期。

刘怡、聂海峰、邢春冰：《个人所得税费用扣除调整的劳动供给效应》，《财贸经济》2010年第6期。

刘怡、余向荣：《现代税收的起源：税收意识的视角》，《财政研究》2006年第2期。

刘元生、李建军：《论推动国家治理现代化的税收职能作用》，《税务研究》2019年第4期。

刘元生、杨澄宇、袁强：《个人所得税的收入分配效应》，《经济研究》2013年第1期。

刘作翔：《构建法治主导下的中国社会秩序结构：多元规范和多元秩序的共存共治》，《学术月刊》2020年第5期。

卢洪友、张楠：《国家治理逻辑下的税收制度：历史线索、内在机理及启示》，《社会科学》2016年第4期。

吕冰洋、张兆强：《中国税收制度的改革：从嵌入经济到嵌入社会》，《社会学研究》2020年第4期。

吕冰洋:《论推动国家治理的税制改革》,《税务研究》2015 年第 11 期。

马海涛、任强:《个人所得税改革对各收入群组税负的影响》,《税务研究》2016 年第 4 期。

马伟、赵新、杨牧、余菁:《从新加坡家庭课税制看我国个人所得税改革》,《税务研究》2016 年第 10 期。

马骁、周克清:《国家治理、政府角色与现代财政制度建设》,《财政研究》2016 年第 1 期。

孟逸凡:《共享经济下我国税收问题研究》,《西安航空学院学报》2018 年第 4 期。

缪慧星、柳锐:《增值税、消费税和个人所得税对社会消费冲击的动态效应》,《税务研究》2012 年第 8 期。

牛富荣:《法治财政、法治政府与腐败治理》,《经济问题》2016 年第 7 期。

潘孝珍、魏萍:《媒体关注能否督促地方政府治理环境污染》,《中南财经政法大学学报》2019 年第 6 期。

彭海艳:《我国个人所得税再分配效应及累进性的实证分析》,《财贸经济》2011 年第 3 期。

彭进清、肖银飞:《个税专项扣除改革对居民家庭消费意愿的影响研究——基于税改落地前的调查数据分析》,《消费经济》2019 年第 3 期。

漆亮亮、赖勤学:《共建共治共享的税收治理格局研究——以新时代的个人所得税改革与治理为例》,《税务研究》2019 年第 4 期。

邱皓政:《潜在类别模型的原理与技术》,教育科学出版社 2008 年版。

史新杰、卫龙宝、方师乐、高叙文:《中国收入分配中的机会不平等》,《管理世界》2018 年第 3 期。

施正文:《迈向繁荣成熟的财税法:四十年的回顾与前瞻》,《税务研究》2018 年第 10 期。

宋丽颖、张安钦:《公共服务满意度、道德认知与自然人纳税遵从意愿》,《当代经济科学》2020 年第 6 期。

宋永生:《平台经济税收管理问题研究》,《税务研究》2021 年第 12 期。

孙玉栋、庞伟:《分类个人所得税对收入分配的影响效应》,《税务研究》2017 年第 7 期。

孙正、霍富迎、岳文浩:《平台企业零工经济的税收治理》,《税收经济研究》2022 年第 3 期。

孙正、杨素、霍富迎:《互联网零工经济的税收治理:理论、逻辑与前瞻》,《财政研究》2022 年第 2 期。

唐婧妮:《兼顾公平与效率目标,改革个人所得税制度》,《税务研究》2018 年第 1 期。

汤火箭、宋远军:《大数据时代个人所得税征管中第三方涉税信息共享制度研究》,《税务研究》2020 年第 1 期。

王春雷:《适应国家治理现代化的中国税制体系:从传统走向现代》,《税务研究》2015 年第 2 期。

王葛杨:《第三方信息在个人所得税征管中的应用初探》,《国际税收》2020 年第 3 期。

王海勇:《自然人税收管理体系的构建——以税收本质属性为视角》,《税务研究》2016 年第 11 期。

王靖:《对零工经济有效征税的探讨》,《国际税收》2020 年第 9 期。

王凯风、吴超林:《个税改革、收入不平等与社会福利》,《财经研究》2021年第1期。

王乃合、黄祺雨:《客观相对收入与主观收入差距容忍度——基于集体主义视角的经验研究》,《南开学报》(哲学社会科学版)2022年第5期。

王倓:《以家庭为申报单位的个人所得税改革研究》,《特区经济》2018年第7期。

王潇:《以家庭为征收单位的个人所得税改革研究》,硕士学位论文,天津财经大学,2018年。

王鑫、吴斌珍:《个人所得税起征点变化对居民消费的影响》,《世界经济》2011年第8期。

王秀燕、董长瑞、靳卫东:《个人所得税改革与居民消费:基于准实验研究》,《管理评论》2019年第2期。

王亚芬、肖晓飞、高铁梅:《我国收入分配差距及个人所得税调节作用的实证分析》,《财贸经济》2007年第4期。

王玉:《挑战与突破:平台经济下政府税收监管机制创新研究》,《探求》2019年第2期。

王远伟:《对共享经济的涉税问题探究》,《税务研究》2018年第6期。

王振兴、韩伊静、李云新:《大数据背景下社会治理现代化:解读、困境与路径》,《电子政务》2019年第4期。

汪晨、张彤进、万广华:《中国收入差距中的机会不均等》,《财贸经济》2020年第4期。

汪冲、赵玉民:《社会规范与高收入个人纳税遵从》,《财经研究》2013年第12期。

汪昊:《个税改革,为国家治理现代化铺路——本轮税改的几个突破》,《人民论坛》2018年第25期。

汪锦军:《"最多跑一次"改革与地方治理现代化的新发展》,《中共浙江省委党校学报》2017年第6期。

汪伟、艾春荣、曹晖:《税费改革对农村居民消费的影响研究》,《管理世界》2013年第1期。

汪旭晖、张其林:《平台型网络市场"平台—政府"双元管理范式研究——基于阿里巴巴集团的案例分析》,《中国工业经济》2015年第3期。

魏福成、任涵琪:《直接税对地方政府支出规模的影响研究——基于1999—2019年省级面板的实证分析》,《中央财经大学学报》2021年第12期。

魏治勋、李安国:《当代中国的政府治理转型及其进路》,《行政论坛》2015年第5期。

温忠麟、叶宝娟:《中介效应分析:方法和模型发展》,《心理科学进展》2014年第5期。

吴高辉、汪文新:《党建引领乡村社会治理现代化的中国经验与理论构建》,《甘肃行政学院学报》2022年第2期。

吴俊培、陈曾、刘文璋:《税制结构、参与式治理与国家治理现代化》,《税务研究》2021年第9期。

伍红、郑家兴:《不同国家(地区)个人所得税专项扣除特点及启示》,《税务研究》2019年第3期。

谢波峰、常嘉路:《个税改革如何影响了个人税收递延型商业养老保险的需求》,《财贸经济》2021年第7期。

谢波峰:《税收现代化服务中国式现代化:基于国家治理视角的认识》,《国际税收》2023年第4期。

徐建炜、马光荣、李实:《个人所得税改善中国收入分配了吗——基于对1997—2011年微观数据的动态评估》,《中国社会科学》2013

年第 6 期。

徐猛：《社会治理现代化的科学内涵、价值取向及实现路径》，《学术探索》2014 年第 5 期。

徐润、陈斌开：《个人所得税改革可以刺激居民消费吗？——来自 2011 年所得税改革的证据》，《金融研究》2015 年第 11 期。

许正中：《新时代税收在国家治理中的地位和作用》，《国际税收》2022 年第 10 期。

许志伟、吴化斌、周晶：《个人所得税改革的宏观福利分析》，《管理世界》2013 年第 12 期。

杨灿明：《助力高质量发展的税制体系改革》，《国际税收》2021 年第 9 期。

杨沫：《新一轮个税改革的减税与收入再分配效应》，《经济学动态》2019 年第 7 期。

杨雪冬：《创造性提高制度执行力 应对地方政府治理转型挑战》，《中国党政干部论坛》2020 年第 3 期。

杨志勇：《现代税收制度建设：四十年个人所得税发展的思考》，《经济纵横》2018 年第 6 期。

杨志勇：《中国个人所得税改革的理论影响因素分析》，《税收经济研究》2018 年第 5 期。

叶菁菁、吴燕、陈方豪、王宇晴：《个人所得税减免会增加劳动供给吗？——来自准自然实验的证据》，《管理世界》2017 年第 12 期。

叶韧：《互联网＋电商网商涉税要点精解》，北京联合出版公司 2015 年版。

尹恒、杨龙见：《地方财政对本地居民偏好的回应性研究》，《中国社会科学》2014 年第 5 期。

殷健康：《如何理解与把握"参政议政愿望和能力"》，《中国统一战线》2015 年第 8 期。

于海峰、刘佳慧、赵合云：《预算绩效管理改革提升了政府治理效率吗？——基于多期双重差分模型的实证研究》，《中央财经大学学报》2021 年第 12 期。

郁建兴：《社会治理共同体及其建设路径》，《公共管理评论》2019 年第 3 期。

袁建国、胡明生、陶伟：《国外个人所得税改革趋势及借鉴》，《税务研究》2017 年第 7 期。

岳希明、徐静、刘谦、丁胜、董莉娟：《2011 年个人所得税改革的收入再分配效应》，《经济研究》2012 年第 9 期。

詹鹏、张玄：《最近一轮个税改革的消费升级效果》，《湘潭大学学报》（哲学社会科学版）2022 年第 3 期。

詹新宇、杨灿明：《个人所得税的居民收入再分配效应探讨》，《税务研究》2015 年第 7 期。

张斌：《个人所得税改革的目标定位与征管约束》，《税务研究》2010 年第 9 期。

张斌：《国家治理视角下的税收现代化进程：共性、差异与路径》，《税务研究》2019 年第 4 期。

张德勇：《多元目标下深化个人所得税改革的思考》，《税务研究》2023 年第 3 期。

张紧跟：《参与式治理：地方政府治理体系创新的趋向》，《中国人民大学学报》2014 年第 6 期。

张景华：《税收与治理质量：跨国实证检验》，《财贸经济》2014 年第 11 期。

张来明、刘理晖：《新中国社会治理的理论与实践》，《管理世界》2022 年第 1 期。

张雷宝:《税收治理现代化:从现实到实现》,《税务研究》2015年第 10 期。

张楠、邹甘娜:《个人所得税的累进性与再分配效应测算——基于微观数据的分析》,《税务研究》2018 年第 1 期。

张涛、刘洁:《中国个人所得税改革对城镇居民消费的影响》,《黑龙江社会科学》2015 年第 6 期。

张文春:《个人所得税与收入再分配》,《税务研究》2005 年第 11 期。

张新民:《政协工作如何发挥主动性》,《领导科学》2006 年第 11 期。

张玄、岳希明:《新一轮个人所得税改革的收入再分配效应研究——基于 CHIP2018 的测算分析》,《财贸经济》2021 年第 11 期。

张振卿:《个人所得税、城镇居民收入与消费关系实证研究》,《税务与经济》2010 年第 2 期。

赵云辉、张哲、冯泰文、陶克涛:《大数据发展、制度环境与政府治理效率》,《管理世界》2019 年第 11 期。

郑洁、程可:《规范和激励:平台经济税收征管研究》,《税务研究》2021 年第 8 期。

郑学步、薛畅:《个人所得税改革对纳税人遵从行为的影响——基于倾向得分匹配方法的实证分析》,《税务研究》2020 年第 9 期。

周克清、李霞:《平台经济下的税收治理体系创新》,《税务研究》2018 年第 12 期。

周克清、刘文慧:《平台经济下个人所得的税收征管机制探索》,《税务研究》2019 年第 8 期。

周克清、吴近平:《个人所得税改革提升了政府治理效率吗——

基于政府与民众的双向互动机制》,《财经科学》2023 年第 8 期。

周克清、吴近平:《个人所得税改革助推社会治理现代化的理论与实证研究》,《当代财经》2024 年第 8 期。

周克清、吴近平:《新一轮个人所得税改革的目标使命、现实问题与路径选择》,《地方财政研究》2023 年第 10 期。

周克清、郑皓月:《平台经济下第三方平台信息共享对个税遵从的影响研究》,《西南民族大学学报》(人文社会科学版)2022 年第 9 期。

周克清、郑皓月:《平台经济下个人所得税纳税遵从研究——基于信息不对称的视角》,《税务研究》2021 年第 1 期。

周清:《个人所得税改革对居民消费的效应评价与完善路径》,《税务与经济》2020 年第 1 期。

周文、韩文龙:《平台经济发展再审视:垄断与数字税新挑战》,《中国社会科学》2021 年第 3 期。

朱诗柱:《新时代税收服务国家治理的职能定位与基本路径》,《税收经济研究》2020 年第 3 期。

朱为群、戴悦:《我国个人所得税免税项目的改革探讨》,《税务研究》2017 年第 7 期。

朱颖、赵颖博、邓淑莲、李奇璘:《公众诉求与地方财政透明度——基于中国省级面板数据的经验分析》,《财经研究》2018 年第 11 期。

庄彧:《我国以家庭为课税单位的个人所得税改革研究》,江西财经大学,硕士学位论文,2021 年。

外文文献

Back H, Handenius A., "Democracy and State Capacity: Exploring a J-Shaped Relation Governance", *An International Journal of Policy Administration and Institution*, 2008(2).

Barry, B., *Why Social Justice Matters*, Polity Press, Cambridge, 2005.

Becker, G.S. "Crime and Punishment: An Economic Approach," *Journal of Political Economy*, 1968(76).

Belk, R., "You are What You can Access: Sharing and Collaborative Consumption Online", *Journal of Business Research*, 2014(67).

Bird, R., Zolt, E., "Redistribution via Taxation: The Limited Role of the Personal Income Tax in Developing Countries", *UCLA Law Review*, 2005(52).

Blaufus, K., Eichfelder, S., Hundsdoerfer, J., "Income Tax Compliance Costs of Working Individuals", *Public Finance Review*, 2014, 42(6).

Card D., "Using Regional Variation in Wages to Measure the Effects of the Federal Minimum Wage", *Industrial & Labor Relations Review*, 1992(1).

Carpantier, J., Sapata, C., "An Ex-post View of Inequality of Opportunity in France and its Regions", *Journal of Labor Research*, 2013, 34(3).

Cohen, M., Sundararajan, A., "Self-regulation and Innovation in the Peer-to-peer Sharing Economy", *University of Chicago Law Review Dialogue*, 2015(82).

Devooght, K., "To Each the Same and to Each his Own: A Proposal to Measure Responsibility-Sensitive Income Inequality", *Economica*, 2008, 75(298).

Donni, P. L., Rodríguez, J. G. and Dias, P. R., "Empirical Definition of Social Types in the Analysis of Inequality of Opportunity: A Latent Classes Approach", *Social choice and welfare*, 2015, 44(3).

Ferreira, F. H. G. and Gignoux, J., "The Measurement of Inequity of Opportunity: Theory and an Application to Latin America", *The Review of income and wealth*, 2011, 57(4).

Fischer, C. M, Wartick, M., & Mark, M. M., "Detection Probability and Taxpayer Compliance: A Review of the Literature", *Journal of Accounting Literature*, 1992(11).

Fleurbaey, M., Peragine, V., "Ex Ante Versus Ex Post Equality of Opportunity", *Economica(London)*, 2013, 80(317).

Fung, Archon, Wright, et al., "Deepening Democracy: Innovations in Empowered Participatory Governance", *Politics & Society*, 2001(1).

Helliwell J. F., Huang H. F., "How Is Your Government? International Evidence Linking Good Government and Well-being", *British Journal of Publican Science*, 2008(3).

Herath, T. and Rao, H.R., "Encouraging Information Security Behaviors in Organizations: Role of Penalties, Pressures and Perceived Effectiveness", *Decision Support Systems*, 2019(2).

Hoffman B. D., Gibson C C., "Mobility and the Political Economy of Taxation in Tanzania", *Ensayo Presentado en la Reunión Anual de la Asociación Americana de Politología, Filadelfia*, 2006.

Hufe, P., Kanbur, R. and Peichl, A., "Measuring Unfair Inequality: Reconciling Equality of Opportunity and Freedom from Poverty", *Discussing Paper*, 2018.

James Alm., "Measuring, Explaining, and Controlling Tax Evasion: Lessons from Theory, Experiments, and Field Studies", *International Tax and Public Finance*, 2012, 19（1）.

Jusot, F., Tubeuf, S. and Trannoy, A., "Circumstances and Efforts: How Important is Their Correlation for the Measurement of Inequality of Opportunity in Health?", *Health economics*, 2013, 22（12）.

Levi, M., *Of Rule and Revenue*, Berkeley: University of CaliforniaPress, 1989.

Magdalou, B., Nock, R., "Income Distributions and decomposable Divergence Measures", *Journal of Economic Theory*, 2011, 146（6）.

Moor, M., "How Does Taxation Affect the Quality of Governance?", *Institute of Development Studies Working Paper*, 2007.

Newbery, D. & Stern, N., The *Theory of Taxation for Developing Countries*, New York: Oxford University Press for the World Bank, 1987.

Paternoster, R., Simpson, S., "Sanction Threats and Appeals to Morality: Testing a Rational Choice Model of Corporate Crime," *Law and Society Review*, 1996（30）.

Piotrowski S. J., Ryzin G. G. V., "Citizen Attitudes Toward Transparency in Local Government," *American Review of Public Administration*, 2007（3）.

Prichard W., "Taxation and State Building: Towards Governance Focused Tax Reform Agenda," *Ids Working Papers*, 2010（341）.

Ramos, X. and Van de Gaer, D., "Approaches to Inequality of Opportunity: Principles, Measures and Evidence", *Journal of Economic Surveys*, 2016, 30（5）.

Roberts A., Kim B. Y., "Policy Responsiveness in Post-communist Europe: Public Preferences and Economic Reforms ", *British Journal of Political Science*, 2011（04）.

Roemer, J. E., *Equality of Opportunity*, Harvard University, 1998.

Shorrocks, A.F., "Decomposition Procedures for Distributional Analysis: A Unified Framework Based on the Shapley Value", *Journal of Economic Inequality*, 2013, 11(01).

Speer J., "Participatory Governance Reform: A Good Strategy for Increasing Government Responsiveness and Improving Public Services?", *World Development*, 2012(12).

Urban, I., Lambert, P. J., "Redistribution, Horizontal Inequity, and Reranking: How to Measure Them Properly", *Public Finance Review*, 2008, 36(5).

后 记

本书源自国家社科基金项目"个人所得税改革与国家治理转型研究"（19XJY021）的结项成果。课题于2024年春正式结项，结项等级为良。课题虽已结项，书稿也已完成，似乎可以暂时画上一个句号；但回首整个研究的过程，感慨颇多，需要感谢的人太多，的确不是单纯几行文字能够完全承载和表达的！

首先，感谢课题组全体成员和相关合作研究者。课题组全体成员通力合作、众志成城，完成多项研究成果，为本书的顺利出版奠定了坚实的基础。其中，费茂清教授、杨昭博士与我合作完成了个税改革公平性的测度研究，李霞博士、刘文慧博士、郑皓月博士与我合作完成了平台经济个税治理的系列论文，吴近平博士与我合作完成了个税与政府治理转型、社会治理转型的相关论文。因此，本书实际上是多项研究基础上的综合性成果，从某种程度上讲亦是一项合作成果。

其次，感谢中央财经大学校长马海涛教授，他不仅非常关心我的学术成长，而且非常贴心地为本书撰写了序言。感谢西南财经大学财政税务学院的领导和同事们，为课题研究和书稿完成提供了充分的支持。感谢西南财经大学科研处陈滔处长和成立副处长对本书出版给予的大力支持。感谢我的家人，正是他们支撑和激励着我在人生道路上坚定信念、不断前行，我取得的所有成绩无疑均有他们的一份功劳。

最后，感谢书稿写作所参考和引用文献的各位作者，本书的完成无不闪耀他们的光辉思想。

当然，多年的研究使我深知学无止境，而本人才疏学浅，恳请各位学界前辈和同人对本书批评指正。

周克清

2024 年 12 月